仕事を まかせる シンプルな方法

9割がパート・アルバイトでも
繁盛店になれる！

商店主専門ビジネスコーチ
岡本文宏

商業界

まえがき

「人に任せるよりも自分でやった方が早いし安心」「仕事を任せられるスタッフがいないので任せられない」「そもそも任せ方が分からない」

これは、経営者、マネージャーの方々からよくお聞きする本音のつぶやきです。

実は私自身も、かつてアパレル企業の店長をしていた頃は、スタッフに仕事を任せることができずに大量の仕事を抱え込み、残業続きの日々を過ごしていました。

でも、脱サラ後にセブン‐イレブンのフランチャイズ（ＦＣ）店の経営を始めた際、当時のパート・アルバイトに仕事を任せることを決意したのです。

それは、店が24時間365日営業であったので、人に任せなければどうにもならないという状況に追い込まれた末での決断でした。それゆえ、任せ方も我流で強引に行っていました。

結果、昼間勤務のスタッフ数人を残し、それ以外のスタッフはすべて辞めることになってしまいました。

深夜勤務のスタッフが誰もいなくなったことにより、私自身が半年もの間、睡眠時間3時間での深夜の単独勤務を余儀なくする羽目に陥りました。

また、それにより体重が10kg、胴囲が2サイズダウンと激減。その上、体調が常にすぐれない状態が続き、このままでは過労により取り返しのつかないことになってしまうのではないかというところまで、心身ともに追い詰められました。

そんなことを続けていたある日、仮眠を終えて店に行くと、いつもいるはずの妻が売場にいませんでした。

忙しい日にはすれ違いになり、顔を合わせることがない日もありましたので、そのときはあまり気に留めていなかったのですが、翌日、午前勤務のパートさんから、娘が前日から入院していることを聞かされ、驚きました。

後で妻に聞いたところによると、入院といっても大したことはなく、それよりも、毎日ほとんど睡眠も取らず、フラフラになりながら仕事をしている私に要らぬ心配を掛けたくないので、落ち着いてから話すつもりだったということでした。

しかし、実の父親が同じ家に住みながら、娘が入院したことをほぼ丸1日知らずに過ごしていたということに私は多大なるショックを受け、そのことがきっかけとなり、一刻も早く今の状態から抜け出さなければならないと真剣に思うようになりました。

その後、世の中のありとあらゆる人材育成法とマネジメント術を学びましたが、頭では理解していても現場ではうまく実行できず、自分の力量のなさを痛感しました。

結果として、時間はかかりましたが、試行錯誤を重ねていく中で、「スタッフに仕事を任せて組織を上手に動かす」独自のノウハウを編み出すことができたのです。

その方法を実践することで、見る見るうちにスタッフの目の色が変わり、**私の店は自発的に動くチームに生まれ変わっていくことになった**のです。

現在までに私は、延べ１５０人を超える商店主、中小企業の経営者、現場リーダーの方々と、コーチングを通じてダイレクトに関わりを持たせていただいております。その中で最もご相談の多いテーマが、かつての私の最大の悩みであった「仕事の任せ方」に関する問題です。

そこで、本書では、私自身がセブン‐イレブンのＦＣ店経営者であった頃に手に入れた「仕事を任せる」技術のすべてを公開していきたいと思います。

また、実際にそのノウハウを活用し、業績を上げている経営者、リーダーの方々の実践事例も併せてご紹介しています。

この本を読み進めていくことで、スタッフへ仕事を任せる際に必要な考え方、すべてのノウハウを手に入れていただくことが可能となります。

本書を読むだけではなく、「これは！」と思った項目については、ぜひ、あなたの店で取り組んでみてください。動くと周りの景色は必ず変わるものですから…。

岡本文宏

Contents

仕事をまかせるシンプルな方法
9割がパート・アルバイトでも繁盛店になれる!

まえがき 1

第1章 任せることの5つのメリット

01 やる気と定着率が一気に上がる 14
02 次期リーダーがどんどん育つ 17
03 チーム力がぐんぐん上がる 20
04 業務のシステム化が進む 23
05 リーダーの自分時間が増える 27

第2章

任せる技術を高めるコツ

(1) 任せる前のコツ

01 任せる相手をよく知る 34
02 誰に任せるかを慎重に決める 39
03 雇用形態で仕事に差をつけない 43
04 あえて難しいことから任せる 47
05 考え方を教えてから任せる 50

(2) 任せるときのコツ

01 期待していると伝える 54
02 任せる範囲を明確に示す 58
03 各自の役割を明確にする 62
04 報・連・相ツールを使う 66
~オールインワン・マネジメントシートの使い方~ 70
05 最後は責任を取ると伝える 75

(3) 任せた後のコツ
01 「任せて任さず」を徹底する 78
02 我慢して任せる 82
03 任せることを定期的に変える 86
04 報告を鵜呑みにしない 90
05 ゴールイメージを一つにする 93

第3章

任せづらい人への任せ方
~職場によくいる5タイプ~

(1) 返事は抜群! **結果はミスばかり**タイプ 99
(2) 普段は従順、**いきなり反旗を翻す**タイプ 101
(3) いつも反対ばかり、**自己防衛**タイプ 104
(4) 自分で考えない、**とにかく依存**タイプ 107
(5) 時間がかかる、**おっとりし過ぎ**タイプ 110

第4章 任せるために外せないコミュニケーションのルール

(1) 伝え方のルール

01 なぜ情報は正しく伝わらないのか? 114
02 すべてを明らかにして伝える 119
03 誰でも分かる言葉で伝える 122
04 「今すぐその場で」伝える 125
05 事実をありのままに伝える 128
〜アイメッセージとユーメッセージ〜 133
06 すべてのスタッフに伝える 137
07 ウェブツールを使って伝える 140

(2) 褒め方のルール

01 褒めることは難しい 143
02 上手に褒める7つのコツ 148
03 褒められなければ承認する 153
〜上司、同僚、お客様からの承認〜 159

(3) 叱り方のルール
01 叱るとモチベーションは下がるのか? 172
02 上手に叱る7つのコツ 176
「誰から叱られるのか」は大きな問題 182

第5章

任せるために欠かせないミーティングのルール

(1) 任せるための個別ミーティング
01 効率良く行うための5つのポイント 190
02 実施前に準備する 195
03 信頼される聴き方 199
04 適切な質問の投げ掛け方 204
(2) 任せるための全体ミーティング 208
(3) 任せるための朝・夕・終礼 212
地域一番店が行うミーティング ~美容室アンドゥドゥ~ 220

第6章
どうしても任せられない人への対処法
01 いつから「任せられない人」になったのか 226
02 「70点でもOK」と視点を変えてみる 230
03 「任せられない」と決めた後の対処法 234

第7章
任せることができるリーダーになるために
01 自ら考動させる 238
02 スタッフのお手本になる 241
03 自分の夢を語ろう 244

あとがき 248

本文・カバーデザイン
シーアイエー株式会社

第1章

任せることの
5つのメリット

01 やる気と定着率が一気に上がる

私自身がセブン‐イレブンのFC（フランチャイズ）店を経営していた頃、出店地区の同チェーンのスタッフ定着率はとても悪く、平均在籍期間は7カ月程度でした。

私の店も開業してからしばらくの間は、他店と同様にスタッフが定着しませんでした。新しいスタッフを採用・教育して、少し慣れてきたなと思って安心していたら、数カ月もたたないうちに退職。そして、また求人広告を出して募集する、というサイクルから抜けられない状況が続いていました。

それでも、**スタッフへのマネジメントのやり方を一変することで、その状況から一気に抜け出すことができた**のです。

どのように人材マネジメントのやり方を変えたのかというと……

私の店のスタッフは、一人の正社員を除いて、学生アルバイト、主婦パート、そして、フリーターという構成でした。それらのスタッフに、**店の運営の多くの部分を「任せる」ことにしたのです。**

具体的には、仕入れ、売場づくり、在庫管理、ＰＯＰ作成など、売上をつくり出すための主要業務については、すべて「スタッフ主導」で行うようにしました。その際、業務の遂行に必要となる売上動向、荒利益率などの詳細データについてもスタッフにすべて公開し、売場の運営を彼、彼女たちに託すことにしました。

その結果、**自分で仕入れた商品を自分の手で売場に陳列し、お客様が購入していくことに面白さを感じるスタッフが徐々に増えていった**のです。特に、自分が立てた仮説通りに商品が売れたときは大喜びすることになり、それを機に、スタッフは売上づくりに積極的に貢献するようになりました。

仕事を任せていくことで、仕事自体に興味を抱き、「楽しい！」「面白い！」「もっと関わりたい！」という気持ちが芽生え、スタッフのやる気はアップし、同時に定着率もアップするようになりました。最終的に私の店のスタッフの定着率は、同地区平均の約4倍の2年8カ月となり、学生スタッフに関して言えば、アルバイトで入社し、就活がスタートするまで、あるいは卒業まで勤める状況になりました。

ここでお伝えしておきたいのは、**私の店で働いていたスタッフは、特別な人材ではなく、どこにでもいる普通の学生、主婦、フリーターだった**ということです。また、私が経営していた店は、高度な人材育成のノウハウやマネジメントシステムを持つような特殊な店ではなく、全国どこにでもあるセブン‐イレブンのフランチャイズ店だったということです。

そういった、ごくありふれた店で働く平凡な人材でも、仕事を「任せる」ことで、やる気のスイッチをオンにして、積極的に仕事に取り組むようになっていくのです。あなたの店が特別な店でなくとも、ものすごく優秀な人材がいなくとも、私の店で起こったことを再現するのは、十分に可能なのです。

02 次期リーダーがどんどん育つ

「仕事は作業だけでなく、判断することまで任せなければ人は育たない」

これは、優秀な人材を次々に生み出している、大阪の大手自動車販売店の凄腕マネージャーの言葉です。彼は、この人はと思えるスタッフには、自分の仕事の一部ではなく、「その業務に関わるすべてのことを任せる」というやり方で人を育てています。

彼いわくの**「丸投げマネジメント」という手法**を用いることで、彼の直属の部下の中から、毎年、次期リーダーとなる優秀な人材をゾクゾクと巣立たせています。具体的には、スタッフに仕事を任せる際に、その業務の細かな作業はもちろんのこと、重要な「判断」に関することまでを任せきるというやり方です。

また、任せた後は業務遂行における相談にはいくらでも乗るけれど、**「判断」に関**

する質問には一切答えないことも徹底されています。重要な判断を行う際に、マネージャーである自分が近くにいると、スタッフは答えを求めようと相談を持ち掛けてきます。そういうとき、多くのマネージャーは自分の考えや答えを伝えて、その通りに判断することを勧めます。

スタッフが行う判断が自分の考えとズレていたら、もしかしたら失敗するかもしれない。だから、自分のやり方でいく方が安全だし、間違いないだろう。そんな考えが頭をよぎり、スタッフに自分で判断させないようにしてしまうのです。

しかし、そうすると、スタッフとしては仕事を任せられているはずなのに、実際には指示された通りに動いていることになります。これでは、いつまでたっても自分で判断する力が養われませんし、成長も期待できません。

スタッフが下した判断が自分の考えと異なれば不安でしょうし、うまく進んでいなければ、いら立ちを覚えるかもしれません。それでも、**ぐっと我慢をして、丸投げす**

ることに徹するのです。重要な局面で判断を下すためには、多岐にわたる情報、豊富な知識、自分で考え抜く力、そして決断を下すことができる強い意志が必要です。

任せられた仕事を終える頃には、スタッフはそれらを身に付けることができていて、大きく成長を遂げることになるのです。

ここで間違えてはいけないのは、**「丸投げ」する対象となるスタッフは、自分で正しく判断できる実力が付いている人材であることが前提**だということです。そうでないスタッフには、任せるのではなく、「教える」ことが優先となります。教育することを抜きにして、丸投げマネジメントを実行することはできません。

スタッフ育成において判断業務まで任せることは、正直、リスクもありますし、ストレスを感じるかもしれません。しかし、ここでご紹介した凄腕マネージャーが行っている「丸投げマネジメント」の実施で、スタッフを次期リーダーとして育て上げていくことが容易に可能となります。

03 チーム力がぐんぐん上がる

セブン - イレブンのように24時間365日、年中無休で営業し、スタッフが数十人もいるような店では、自分と同じシフトで勤務していない人とは、1カ月の中で数回しか顔を合わせない、もしくは顔と名前は知っているけれど、ゆっくりと話をする機会が一度もないスタッフも出てきてしまいます。そうなると、スタッフ間での連携が取れなくなり、店としてのまとまりもなくなってしまいます。

そういうときは、普段は顔を合わせることがあまりないスタッフ数人で、あえてチームをつくり、**チームごとにミッション（任せる仕事）を与え、その達成に向けて行動させます。**そうすることで、スタッフ間でのコミュニケーションが密に行われるようになり、意思統一や結束力の強化も併せてできるようになります。

私がかつて経営していたセブン‐イレブンでは、年に数回行われる、FCチェーン本部が主催する販売キャンペーンの際に、店内を4、5つのチームに分け、チームごとにリーダーを決めて、キャンペーンの運営をスタッフに任せていました。

その際、リーダーが呼び掛けて、チームごとのミーティングもしばしば行っていました。そこでは、キャンペーンでのチーム目標を決めるところからスタートし、目標を達成するための具体案、行動計画、結果検証までのすべてを一任していました。

チーム制を導入する前は、オーナーである私が号令を掛けて、あれやこれやと指示をしてキャンペーンに取り組んでいたのですが、なかなかスタッフの協力が得られず、思うような結果を出せませんでした。

スタッフに任せてからは、自分の同僚の一人がリーダーとなることで、「あの人が頑張っているのだから、協力してあげよう！」と感じるスタッフが増えていき、結果として、好成績を残すことができました。

また、通常の営業では、3人ほどのスタッフが同曜日・同時間帯に勤務するスタイルでしたので、同シフトで勤務するスタッフを1つのチームとして捉えていました。チームは、ベテランスタッフ1人に対して、中堅1人、新人1人で編成をし、ベテランスタッフか中堅のどちらかをシフトリーダーに任命して、そのチームに与えられたタスクを勤務時間内に完了させることをチームミッションにして、業務に当たらせていました。

シフトリーダーは、チームミッションを達成するために、メンバーの業務の進捗状況を常に把握し、仕事がうまくこなせないでいるスタッフへのフォローや、各自の抱えている仕事量のバランスを保つよう、業務遂行のマネジメントを行います。そうすることで、店全体を見る目が養われるため、成長が加速します。

その他のメンバーも、自分たちに課せられた業務をなんとか時間内に終わらせようと考えて仕事に取り組むことで、仕事に対する意識、スキルが向上します。

このように、**店のスタッフをチームとして稼働させることで、チームワークが良くなるとともに、店全体のレベルアップにもなる**のです。

04 業務のシステム化が進む

スタッフに仕事を任せる内容を、口頭であれやこれや伝えていくだけでは、言ったことができない、指示したことが守れないという状況に陥り、仕事を任せることができなくなってしまいます。

そうならないために必要なのが、**ツールを活用した、任せるシステムの構築**です。例えば、私が経営していたセブン‐イレブンの店では、スタッフに任せる仕事の内容を**「情報連絡シート」**を活用して伝えていました。

ツールは、A4サイズの用紙を使用します。伝達するべき情報を1シートに1項目のみ記入するようにし、下段にスタッフの既読チェック欄を設けたシンプルなものです。このシートに任せる内容を記載し、スタッフが最も目につきやすい場所（事務所やバックルームの壁など）に貼り出しておけば、自然にスタッフの目に入りますので、任せたいことがスムーズに伝わるようになります。

回覧した後は、「情報連絡シート」を情報のカテゴリーごとに分けてファイリングしておけば、同様の連絡を行う際に、再利用することができて便利です。また、ひと手間掛かりますが、シート自体をスキャナーで読み取り、ＰＤＦファイルとしてパソコンに保存することで、いつでも誰でもスピーディに店の情報を検索し、アクセスすることができるデータベースのシステムが出来上がります。

清掃業務など、ルーティンで行う作業を任せる場合でも、ツールを活用すれば、効率良く業務を進めることができます。例えば、店内の商品陳列棚の清掃を任せる場合、単に清掃することを指示したとしても、店内の棚の数が多ければ、一度にすべてを清掃することはできません。

そうすると、目につく場所にある棚は、毎日清掃されてきれいな状態を保つことが

情報連絡シート

表　題

記入者

記入日　　　年　　月　　日（　）

内　容

※上記連絡事項を理解したら、名前欄の下に日付を記入。

岡本	庄子	林	辻本	山川	谷本	渡辺

指示内容を書き込み、スタッフ全員が回覧し、内容を把握することが容易にできる連絡ツールを活用すれば、モレなく、スピーディに情報伝達ができます。

できますが、店の奥にある目につきにくい場所の棚は、清掃される機会が少なく、ほこりがたまった状態で放置されがちになります。

そこで、店内の清掃するべき棚を書いたレイアウト図を用意し、清掃した後、シートの該当する棚の箇所に清掃日と清掃者名を記入するようにしておけば、清掃している棚とそうでない棚が一目瞭然となります。

このように、**スタッフに仕事を任せる際にツールを活用すれば、誰でも、いつでも、業務がこなせるようになるシステムの構築がバンバン進んでいきます。**

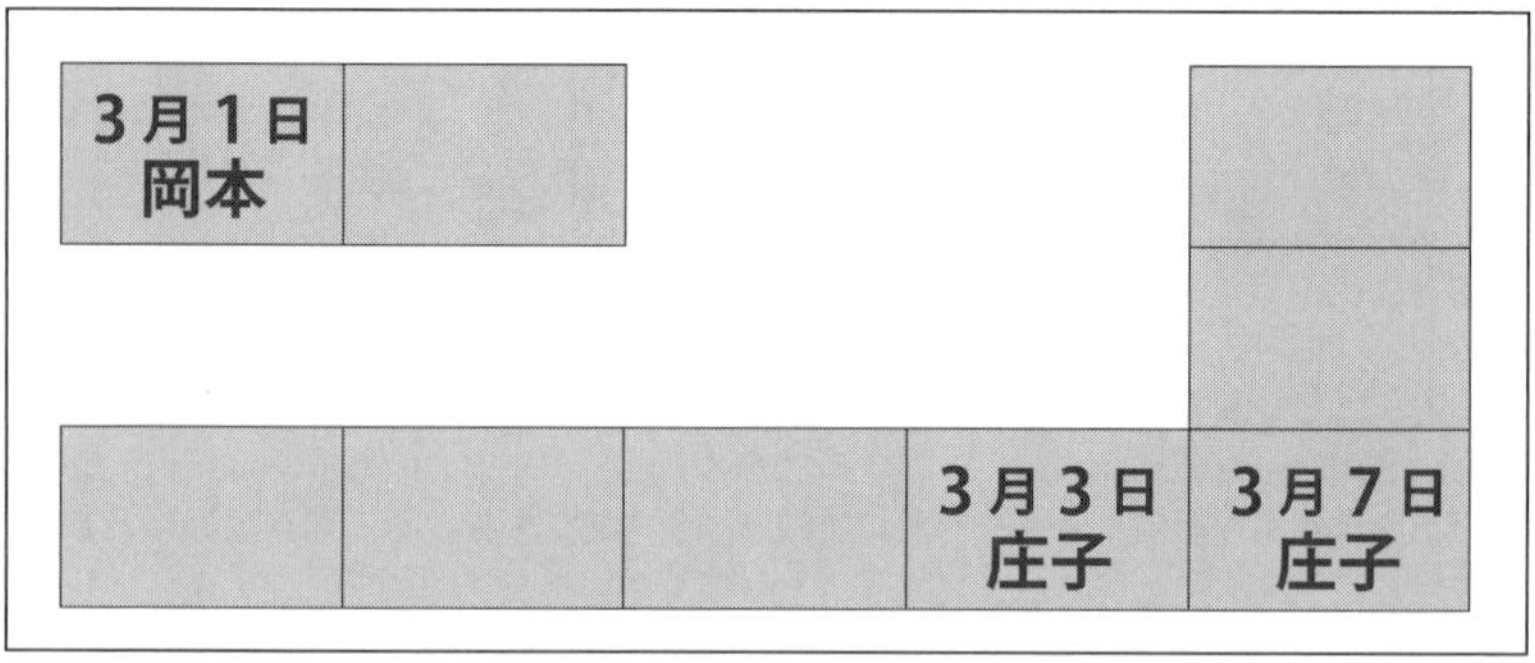

05 リーダーの自分時間が増える

「自分でやった方が楽だし、安心」「教えるのが面倒」。そう思って、スタッフに任せることをせずに、こまごまとした作業に至るまで自分で行っていると、次第に抱え込む業務が増え、目の前に積み上がっていく仕事をこなすだけとなってしまいます。

好業績を維持している企業、店の経営者の多くは、**自分時間をしっかりと持てる状況を創り出している**のです。

自分時間に何をしているのかというと、本来、組織のリーダーがやるべき仕事である、**経営戦略の立案や運営方針の決定、ビジョンを描くことなど、紙とペンを持って頭に汗をかく「考える」ことを行っている**のです。これらの仕事が、本来、組織のリーダーである経営者、マネージャーが行う仕事であると私は考えています。

物販であれば品出し、陳列。飲食・サービス業でいえば、料理を作る、施術を行うことなど、体を使って汗をかいて労働する「作業」ばかりを、長時間にわたって、われわれリーダーがしてはいけないのです。

今まで抱えていた業務をスタッフに任せていき、自身が主体的に使える自分時間をドンドン増やすことが必要なのです。そうすることで、本来するべき仕事に取り組むことができるようになります。

自分時間を増やすために、スタッフに仕事を任せていくには、自分の忙しさを把握することから始める必要があります。

まずは、日々行っている業務をすべて書き出し、自分の仕事の中身を棚卸しすることから始めてみましょう。

次に、そこで洗い出した項目を、**「自分でやるべき重要な仕事」「自分でやるべき重**

仕事分類マトリクス

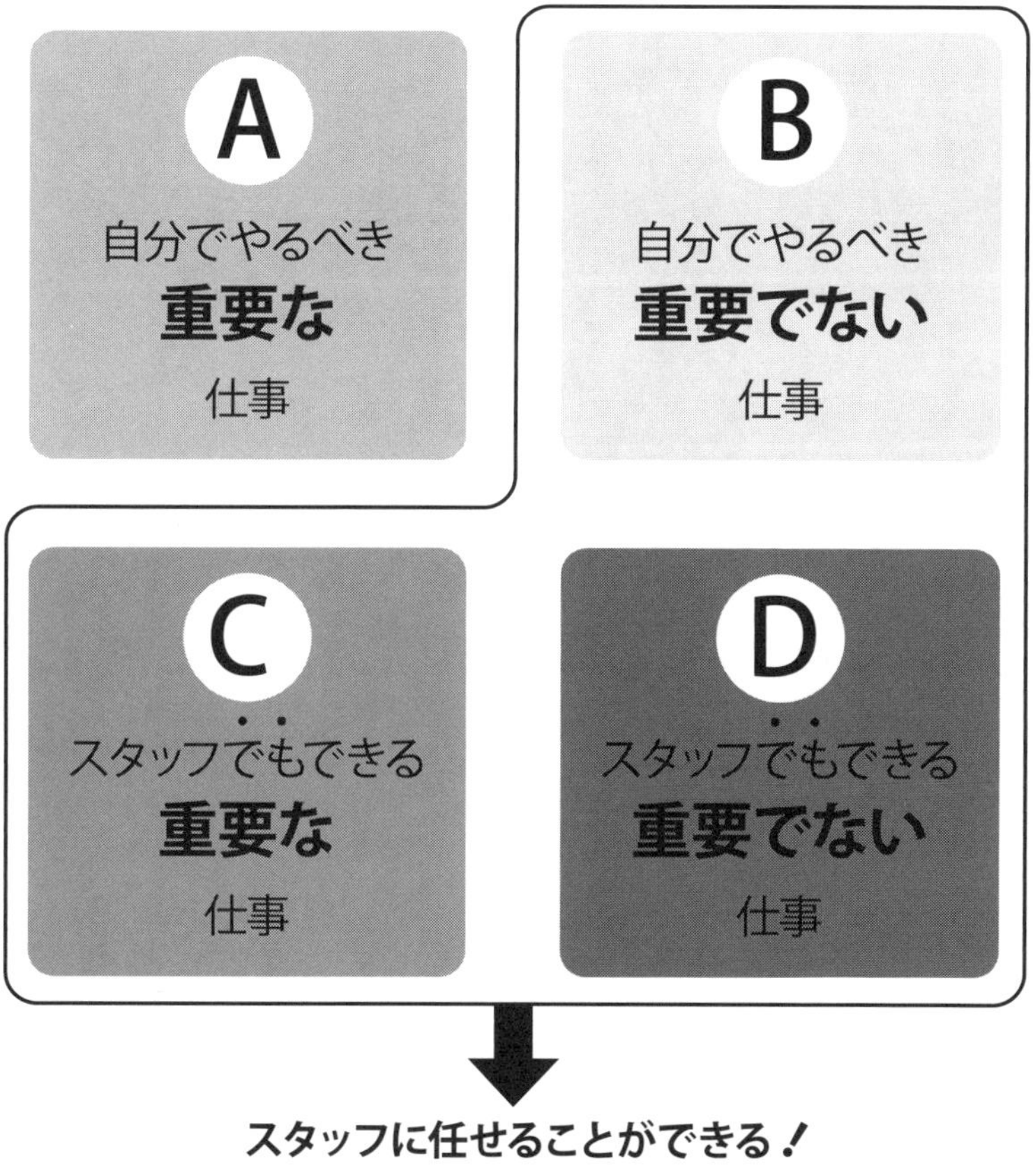
A
自分でやるべき
重要な
仕事
B
自分でやるべき
重要でない
仕事
C
スタッフでもできる
重要な
仕事
D
スタッフでもできる
重要でない
仕事
スタッフに任せることができる!

要でない仕事」「スタッフでもできる重要な仕事」「スタッフでもできる重要でない仕事」の4つの項目に分けていきます。このとき、「重要な」という言葉を「難しい」に、「重要でない」を「簡単な」に置き換えて考えてみてもよいでしょう。

その後、「自分でやるべき重要でない仕事」の中で、今すぐにでもスタッフに任せることができる仕事、また、教育を行えばスタッフに任せることができる項目をピックアップしていきます。

そうすると、**「自分でやるべき重要な仕事」以外の多くの仕事は、スタッフに任せることができる**ことが分かると思います。

また、最後に残った、自分でやるべきと考えている業務についても、しっかりとその手順を教えれば、スタッフに任せられることの方が多いと気づくでしょう。

こうして、自分の抱えている仕事をスタッフに任せていけば、本当に大切な仕事、「考えること」に腰を据えて取り組むことができるようになります。

目の前の作業をこなすことばかりに注力するのではなく、戦略を立てる、計画を練るというような「考えること」に費やす時間をより多く持つことは、好業績を維持し続けるための必須条件なのです。

第2章

任せる技術を高めるコツ

1 任せる前のコツ

01 任せる相手をよく知る

相手のことをよく知らないまま、仕事を任せようとしても、うまく任せきることはできません。人には得手不得手がありますし、興味の対象となることも異なります。

スタッフに仕事を任せる前に、相手がどういう人物なのか、何を得意としていて、何が不得意なのかなど、そのスタッフのことをよく理解しておくと、効率良くマネジメントすることができるようになります。

まずは、37ページのシートを見て、一人のスタッフを思い浮かべながら記入してみましょう。

すべての質問に答えることができたでしょうか?

私はセミナーの参加者に、これと同じ質問をすることがよくあるのですが、全問答えることができた人は、全体の5%未満しかいません。つまり、スタッフの細かいことまで理解している人は少数派で、多くはスタッフのことをよく分かっていないまま関わっているというのが実情なのです。

ただ、相手のことを知らずして仕事を任せることは難しいですし、そういう状態で人材育成やマネジメントを行うこともまた困難だと言えます。

美容室やマッサージ店では、お客様との会話や施術、ニーズ、特徴などを記録する顧客カルテを活用している場合が多いでしょう。そこに顧客情報を蓄積していき、再来店時に接客や施術をする際に参照し、良い関係を築き上げることに役立てています。

スタッフカルテで得意分野を知る

スタッフに仕事を任せる前に、このカルテを使った顧客管理の仕組みを応用し、各自の特性を把握していきます。

具体的には、スタッフの普段の行動を観察して、感じたこと、気づいたこと、個別ミーティングで話していく中で分かったこと、抱えている悩み、課題、問題などの情報をスタッフカルテに書き込み、スタッフごとのデータベースを作り上げます。

そうすることで、各スタッフの特性にマッチした仕事を割り振ることができるので、仕事の効率が上がります。スタッフ自身にとっても、得意な業務に取り組むことができるので、心理的な負担なくスムーズに仕事をこなしていけるようになります。

スタッフカルテ

作成日　　年　月　日

	情報テーマ	詳細
1	スタッフの名前（フルネーム）	
2	ニックネーム	
3	誕生日	年　月　日（　座）
4	血液型	型
5	家族構成（名前・年齢・誕生日）	
6	結婚記念日（既婚者のみ）	年　月　日
7	出身地	
8	性　格	
9	趣　味	
10	好きな食べ物	
11	学生時代に取り組んでいたこと	
12	得意な仕事	
13	苦手な仕事	
14	成功したこと	
15	失敗したこと	
16	失敗を克服したエピソード	
17	一番喜ぶ褒め言葉	
18	価値観（大切にしていること）	
19	ビジョン（夢）	
20	普段の行動で「いいね！」と思えたエピソード	

スタッフマネジメントの点においても、このカルテは大いに役立ちます。

例えば、スタッフの誕生日と好みが分かれば、各自の好みにあったプレゼントをすることもできます。その場では、「どうして私の好きなものを知っているのだろう?」と不思議に思うかもしれませんが、同時に「大切にされている」とも感じます。

また、カルテに書き留めておいたことを基に、個別ミーティングでフィードバックすれば、「自分のことをよく見てくれている」と感じ、やる気もアップするでしょう。

このように、「スタッフカルテ」を使うことで、仕事を任せることと人材マネジメントを上手に行うことができるようになるのです。

02 誰に任せるかを慎重に決める

スタッフに仕事を任せてやる気を引き出すことは、人材マネジメントを行う上での基本です。しかし、**任せる際の人選と任せる仕事の選択を間違えると、思ったような成果を挙げることはできません。**

これは、私自身がアパレル専門店チェーンに勤務していた頃の話です。店長として4年ほど販売と店舗マネジメントを経験し、それなりに周りからも認められる成績を残せるようになっていたとき、本部への異動の話が舞い込んできました。

当時私が勤めていた会社では、店舗勤務から本部への異動は栄転を意味し、中でも商品部の仕入れ部門という花形部署への配属だったのでとてもうれしく思い、意気揚々と本部のある新宿に通うことになりました。

しかし、その半年後に、新設された商品企画部のプランナー職にさらに異動することになり、そこでは、会社の基幹ブランドの企画・立案をすべて賄うという重責を担うことになったのです。

私としては、商品企画には一度も携わったことがなく、それに関する教育も全くされていない状態のまま、会社の中枢を担うような立場に置かれたことに大きな不安を抱き、一転して、憂鬱な気持ちで仕事をすることになりました。

それでも、とにかく会社から言い渡された期限までに、任された商品のプランニングを行わなければならなかったので、がむしゃらに企画を立てていきました。そうして半年後、私が企画した商品が店頭に並ぶことになりましたが、結果として企画は大コケし、会社に大きな損失を与えることになってしまいました。

その後、会社の組織変更が行われる中で、私が就いていたプランナーという職種自体がなくなったこともあり、今度は営業部の地区統括マネージャーとして、現場復帰することになったのです。

そこからは、私自身、息を吹き返したように任された仕事をこなしていき、2年連続で売上ナンバーワンの成績を収め、社内表彰を受けるまでになりました。

現状の任せている仕事をしっかりこなせるからといって、そのスタッフが他の仕事もすべてうまくこなせるわけではありません。

人には得手不得手がありますし、任せられるだけの十分なスキルが備わっていないまま仕事を任せてしまうと、スタッフとしては、仕事のやり方が分からずに動けない、もしくは勝手に判断して行動し、当時の私のように任された仕事をうまくこなせず、周りに迷惑を掛けてしまうことにもなりかねません。

人によっては、プレッシャーに押しつぶされてしまう場合もあります。

また、**仕事を任せることができる人材が不在であれば、無理をして任せるのではなく、任せることができるように育成することが順番としては先**になります。

このように、「誰に何を任せるのか？」という判断を正しく行うことは、経営者、マネージャーの重要な仕事の一つだと言えます。

03 雇用形態で仕事に差をつけない

「Aさんはアルバイトだから、この仕事は任せないでおこう」「Bさんは正社員だから、この仕事を任せよう」

このように、正社員、派遣社員、パート・アルバイトといった雇用契約上の種類だけで任せる仕事に差をつけるのはお勧めしません。

私がかつてセブン‐イレブンのFC店を経営していた頃の経験からお話しすると、正社員、パート・アルバイトの能力、やる気には大差がなく、**スタッフの雇用形態によって仕事に差をつけることはナンセンス**だと考えます。

当時私の店では、主力商品である弁当、おにぎりなどのデイリー品の発注を含めた商品発注の大半をパート・アルバイトに任せていました。それらは、年間にすると

2億円以上の売上規模となります。

これは私の店だけに限りません。大半の同チェーンの店では、同様にパート・アルバイトが発注業務を任されています。言わずと知れたことですが、セブン‐イレブンは小売業の中で業績ナンバーワンの企業です。その売上の大半が、正社員以外のスタッフによって作り出されているのです。

セブン‐イレブンだけに限らず、ディズニーリゾートにおいても、スタッフの9割はパート・アルバイトです。また、そこで働く人たちは、**人並み外れた技能や特別な知識を持ち合わせているわけではなく、どこにでもいるような主婦パート、学生アルバイト、フリーターが中心**です。

それでも、業界断トツでナンバーワンの業績を生み出したり、伝説に残るホスピタリティ満点の接客、サービスを提供し続けたりすることができているのです。

そもそも、正社員だから優秀、パート・アルバイトだから優秀ではないということはあり得ません。

私は、人材採用を行う際の顧問先へのアドバイスとして、**家庭の主婦は優秀な人材の宝庫である**とお伝えしています。

なぜなら、もともと一流大学卒で大企業のエリート社員だった人が、結婚や妊娠を機に退職し、その後、家庭の事情からフルタイムで働くことができないゆえ、仕事をしないまま家庭に居続けているというケースは、思った以上に多いのです。

もちろん、名の通った大学の卒業生や一流企業に勤めていた人がすべて優秀かといえば、一概にそうとは言えません。

しかし、これは私の経験ではありますが、そういった人は採用した後も教えたことの覚えが早かったり段取りが良かったりと、何かと重宝する場合が多かったのも確かです。

私のかつての店でも、金融機関で勤務経験のある主婦をパートとして採用していました。彼女は機転もきくし、金銭管理にも非常に長けていたので、主戦力として大いに活躍してくれました。最終的に彼女を副店長として抜擢し、スタッフマネジメントの大半を任せることになったのです。

小さな店や中小規模の会社に、一流大学卒や一流企業に勤務していた人材が正社員として入社してくる機会はそれほど多くはありません。でも、パート・アルバイトとしてならば、そういった人材も無理なく採用することが可能なのです。

その場合は特に、任せる仕事に差をつけることはもったいないことだと言えます。

04 あえて難しいことから任せる

本人の実力に見合った仕事を任せれば、よほどのことがない限りきちんと仕事をこなすことができるはずです。そうすれば業務が滞ることがないので、現場が混乱することもありません。何より任せる方としては、安心して仕事を依頼することができます。

ただ、この場合、「任せる」とは名ばかりで、仕事の中身を見ると作業的なことばかりになっている場合も少なくありません。また、誰にでもできるような簡単な仕事しか任せてもらえないのでは、任された方としては仕事へのモチベーションは上がらず、個人の成長も期待することはできなくなってしまいます。

それとは逆に、**多少のリスクは覚悟の上で、今の実力には見合っていない無理難題を投げ渡す**という任せ方もあります。

以前勤務していたアパレル専門店チェーンでの私自身の経験です。

新卒で入社した半年後のこと。新店のオープニング店長として赴任するようにとの辞令を受けました。

そのとき、上司からは「本部として初出店の地区となるので、会社の威信を懸けた非常に大切な店舗となる」と聞かされました。半年前まで学生だった自分になぜそんな大役を任せるのか、不思議に思う部分もありましたが、とにかく、任せられた以上は、店長としての仕事に全力を尽くすのみと腹を決め、仕事に打ち込みました。

結果的には店のスタッフに支えられ、その店舗では予想を大きく上回る実績を残すことができました。

今振り返ると、投げ与えられた「無理難題」のお陰で店の業績を大きく伸ばすことができましたし、私個人としても大きく成長することができたと言えます。

このように、**相手の実力以上の仕事をあえて任せることで、短期間に想像以上に良い結果を導き出すことが可能となる場合もある**のです。

ただ、すべての人が無理難題をすんなり乗り越えられるわけではありません。また、そういった状況におかれた場合、悩みを抱えることになる人も多いでしょう。

そういうときに、抱えている問題、悩みとなることをすぐに相談できる環境を整えておくことはとても大切です。

具体的に言うと、個別ミーティングなどを利用して、上司とじっくりと話をする機会を設けることになります。そういう場を用意しておくと、重責を任せられたスタッフとしてもサポートされていることが分かるので、肩に力が入り過ぎず、自分の実力を十分に発揮することができるようになります。

無理難題を与えた後は放置するのではなく、現状がどうなっているのかを把握し、必要であれば適切なアドバイスがしっかりと行えるよう、フォロー態勢を万全にしておく必要があります。

そういう状況であれば、無理難題を与え、仕事を任せることは、人の成長を加速させるのに有効な手段となります。

05 考え方を教えてから任せる

新しいスタッフを雇い入れるときは人員不足の場合が多いので、一刻も早く戦力となる人材を補充したいと考えてしまいがちです。ただ、作業のやり方を教えたからといって、いきなり売場に立たせて仕事を任せることはお勧めしません。

任せる仕事の「意味」を理解しないまま働くことになると、単にルーティンワークをこなすだけのつまらない毎日を過ごすことになってしまいます。結果、仕事へのモチベーションは上がりません。

そうならないためには、**任せる仕事の作業手順を教える前に、店の仕事をする上での「考え方」を教えることが必要**です。

かつて、私が経営していたセブン‐イレブンのFC店では、レジ接客の際にお辞儀を行うことを決まり事にしていました。

業務の中で実行させる際に「接客のときにお辞儀をしなさい」と教えただけでは、「コンビニでそんな丁寧な接客をしなくてもよいのに……」と思うスタッフも出てきます。そうなると、お辞儀は徹底されなくなってしまいます。

でも、私の店では24時間365日、すべてのお客様へのレジ接客で、お辞儀が徹底できていました。

それは、**新人を採用した際の教育において、任せる仕事の作業手順を教える前に、店での仕事に対しての「考え方」を伝えるレクチャータイムをつくり、それぞれの業務の持つ意味を教えていたので実現できていた**のではないかと思います。

例えば、接客時のお辞儀についてであれば、レクチャーの中では、「なぜお辞儀をするのか？」を以下のように語り、考え方を伝えていました。

「当店はこの地域で最後発のコンビニです。だから、売上を上げるには他店とは明確に差別化された優位性をアピールし、お客様から選ばれる店になる必要があります。この地区の競合店は無愛想な店が多いので、「親切丁寧な接客」を行えば他店との差別化が可能です。丁寧な店だと印象付けるために、レジ接客時にお辞儀をしていく必要があるのです」

このように、業務を行う理由を理解させれば、スタッフは抵抗なくこちらが求めることを実行できるようになるものです。

レクチャーの中では、それ以外にも、「スタッフとしてのあるべき姿」「なぜこの店を経営しているのか」「店のこれまでの歩み」「地域の中での役割」「経営理念」などについても詳しく語っていました。

しかし、時間をかけて「考え方」を学び、その場では理解したつもりになっても、しばらくすると記憶は薄れてしまいます。

ドイツの心理学者エビングハウスの実験によれば、人は記憶の42％を20分で忘却し、1週間もすれば2割程度の記憶しか残らないとされています。

そのため、レクチャーの受講後はレポートの提出を義務付け、さらには、翌日からの作業研修や通常業務の中でも、事あるごとに伝え方や切り口を変えて「考え方」を再インストールしていくことも行っていました。

2
任せるときのコツ

01
期待していると伝える

「やる気がないわけではないが、なかなか業績がアップしない」という伸び悩みスタッフへの対応に手を焼いている方は多いのではないでしょうか。

もう少し頑張ればなんとかなるのに、なぜか課題に取り組むことを途中で諦めてしまう。そういったスタッフは自分に対して「能力が低い」とレッテルを貼り、これ以上の成長は無理と自ら決め付けているケースも少なくありません。

ただ、**そんなスタッフでも、仕事を任せていくことで、目を輝かせていきいきと働くように生まれ変わらせることは十分可能**です。その際のちょっとしたコツについて紹介します。

福岡市博多区の美容室アンドゥドゥ（林宏貴さん経営）では、商品の販売キャンペーンを通して、伸び悩みスタッフのやる気に火を付け、さらには2カ月でこなす予定の販売目標を3週間足らずの超ハイスピードで一気にクリアするなど、店全体の売上を劇的にアップさせることに成功しています。

今まで、林さんの店でキャンペーンを行う際は、販売力のあるスタッフが責任者に任命されていました。しかし、今回はあえて業績不振のスタッフにすべてを任せることにしたのです。

もちろん、困ったときには上長が相談に乗るなどのバックアップ態勢を整えてはいましたが、それにより、準備やオペレーションがうまくいかず、キャンペーンが失敗に終わる可能性も十分考えられるわけです。しかし、今回はスタッフを信じ、重責を担わせることにしました。

林さんは、個別ミーティングの席や売場で顔を合わせたときなどに、責任者として任命したスタッフに対して、キャンペーンの成功を信じていること、彼らに期待している旨を、事あるごとに伝えていきました。

そうしたところ、任されたスタッフはキャンペーンの責任者としての責務を遂行していく中で、販売マニュアルを作成したり、自ら積極的にセールスを仕掛けたりするようになり、スタッフの行動が一変することになりました。

その結果、伸び悩みスタッフの成績は店内トップクラスに跳ね上がったのです。同時に、それに触発された他のスタッフのやる気もアップし、店全体でも過去最高の売上をつくり出すことができました。

人は、期待されるとそれに応えようと頑張り、期待通りの成果を挙げるようになります。これは、心理学でいうところの**「ピグマリオン効果」**に当てはまります。

アメリカの教育心理学者のロバート・ローゼンタールによって行われた実験によると、学校で、一般的な成績の生徒をA、Bの2グループに分け、Aのグループには、「君たちは成績優秀者だ」ということを伝え続け、優等生として扱うようにし、Bグループへは、今まで通り普通の生徒として扱いました。

その結果、優等生として扱われたAグループの生徒は、数カ月後には本当に優秀な成績を取るようになり、Bグループの生徒には変化が表れることはありませんでした。

仕事を任せる際に「あなたに期待している」「あなたならできる」と声掛けを行い、可能性を信じることで、スタッフはあなたが思い描く状態になっていくのです。

02 任せる範囲を明確に示す

自ら進んで仕事を見つけ出し、行動してくれる人材は、マネジメントをする私たちにとって、とてもありがたい存在です。

ただ、スタッフの中には、指示したことはきちんとやるけれど、与えられた仕事が終わると次の指示が出るまでの間、ぼ～っと突っ立っているか、手持ちぶさたにしていて何をするのでもなく、ただ売場にいるという人もかなり多くいます。

そういった、いわゆる「指示待ち族」ばかりが周りにいると、現場で指揮を執る経営者、マネージャーだけが忙しく指示を出し続けなければならなくなります。

なぜ、指示を待っているのか？

スタッフが上司からの指示を待っている場合、意欲がなく、できれば仕事をやりたくないと思って何もしないというケースは、それほど多くはありません。

実は、自分で動きたくても、やってよいのかどうかの判断がつかないので、仕方なくぼ〜っと店の中で突っ立っているというケースが多いのです。

店の中でこういったスタッフを生み出さないためには、**指示がなくても自分で自由に動いてよいとする範囲を明確に示しておくことが必要**となります。

スタッフが自ら考えて動き、伝説となるサービスを生み出し続けているザ・リッツ・カールトンホテルでは、スタッフがお客様を喜ばせることを目的とするのであれば、上長の許可なしで一人一日20万円まで、自分の判断で自由に会社の経費を使うことができると定められています。

そういったルールが明確になっているので、スタッフはその範囲の中で自由に考え、行動ができ、タイムリーな対応ができるのです。

また、「やり方が分からない」「やることが分からない」ので動くことができないというスタッフも多くいます。

そういったスタッフに対しては、自分で考えて仕事を見つけ出すことができるだけの力を備えさせることから始めていく必要があります。

仕事の「やり方が分からない」スタッフに対して、まず行うべきことは、**どの仕事の、どの部分が分からないのかを、1つずつ確認していく**ことです。

この手のスタッフは、新人教育を受けた際に、しっかりと業務手順を習得しておらず、あやふやな状態のまま放置してしまっているケースが多いのです。

また、「やることが分からない」スタッフに対しては、時間が空いた際にする仕事をリストアップしておき、どういうときに、何をすればよいのかを具体的に教えていくとよいでしょう。

まずは、自分で考えて行動できるように基礎教育を徹底して行う。その後は、自分の意思のもとに自由に考えて動いてもよいとする範囲を定めることで、「指示待ち族」スタッフが、自分で考え、行動する「できるスタッフ」に変わります。

03 各自の役割を明確にする

スタッフに仕事を任せる際、各自の役割を明確に伝えることが大切です。

重要な仕事の場合はもちろんですが、例えば、切れた電球を交換する、備品の文具を購入する……といったこまごまとした雑務についても、各スタッフが担う役割を明確にしておく必要があります。

なぜなら、大きな組織では、総務部や庶務課という部門があり、雑務を一手に引き受けてくれますが、小さな店や事業所においては、そういったこまごまとしたことを経営者、マネージャーが行う、もしくは、一部の限られた人にしわ寄せがきてしまうというケースが多々あるからです。

雑務の一つ一つの項目に関しては、それほど時間も労力も要しないことばかりです。でも、「塵《ちり》も積もれば山となる」がごとしで、雑務をこなしている時間を年間トータルで考えると、ばかにできないほどの時間を費やすことになっているものです。

そう考えると、経営者、マネージャーが雑務を引き受けることになっていたとしたら、自分自身の本来やるべき仕事にも少なからず影響が出てきます。

文具の購入などであれば、休憩で外出するスタッフに、「ついでに赤ペンと消しゴムを買ってきて」とお願いすれば済むのでしょうが、私としては本来であれば、そういった指示も経営者、マネージャーが自ら行うべきではないと考えます。

また、一部のよく気がつくスタッフが自発的に雑務を引き受けることになっていた場合、初めのうちはあまり気にならないのですが、それが続くと負担に感じるようになり、徐々に不満が蓄積されていきます。

そのため、**一見すると重要ではない細かな業務においても、各スタッフへの割り振りをしっかりと行い、各自の役割を明確にしていくことが必要**なのです。

その際、誰が、何を、いつ、どのように実施するのかがパッと見て分かるように、担当者と任せる業務を載せた一覧表を作成し、事務所の目立つ場所に張り出して、作業完了後に各自で完了のサインができるようにしておきます。

その後は、実施漏れやチェック漏れ、もしくは、実際にはやっていないのに完了したことにするなどの虚偽の報告がなされないよう、定期的に確認することも大切です。

担当者	担当業務	タイミング	実施日
岡本	天井照明 切れている箇所チェック	毎日・午前中	
	電球購入 （在庫が２個になったら３個購入）	週１回（火）	
	電球交換	発見後に すぐ実施	
庄子	プリンター用紙在庫確認	毎日・午前中	
	プリンター用紙　購入 （在庫が２パックになったら３パック購入）	週１回（水）	
	プリンターインク在庫確認	毎日・午前中	
	プリンターインク　購入 （各色在庫が１個になったら２個購入）	週２回 （月、木）	
三枝	ボールペン　在庫確認 （インクの残量チェック）	週１回（水）	
	ボールペン購入 （在庫が２本になったら３本購入）	週１回（水）	

04 報・連・相ツールを使う

任せる内容を伝えたり、任せたことについての報告を受けたりする際、口頭ですべてを行うとなると、膨大な時間と手間が掛かります。

そういうときは、マネジメントツールを活用すると、正確かつ、スピーディに情報の伝達が行えます。

店の中には、日報、連絡ノート、作業指示書などさまざまなマネジメントツールが存在していますが、よくあるのが以下のようなケースです。

・ツールは準備されているけれども、現場のスタッフが誰も活用しない「名ばかりツール」になっている。

・スタッフが任せた仕事の完了報告や進捗報告をした際、誰も目を通さずファイリングされてしまい、最終的に報告書が紙ごみとなっている。
・マネジメントツールに書き込む項目が多くあるため、記入するのに時間がかかり、営業や接客よりも書類作成が優先されている。

このような状態だと、マネジメントツールがあることによるデメリットの方が大きくなってしまいます。

しかし、**ツールをうまく活用すれば、店内マネジメントやコミュニケーションを充実させるのに大いに役立ち、仕事を任せていく上での強力な武器となります。**

マネジメントツールを上手に活用するためのポイントは、以下の3つです。

●思ったときにすぐに使える（書き込める）
●書き込むのに時間がかからない

●いつも目につくところに保管（設置）されている

もし、あなたの店でマネジメントツールが有名無実なものになってしまっているとしたら、右記のポイントが押さえられていないのかもしれません。

それではここで、マネジメントツールを活用することで、スタッフに仕事を上手に任せている事例を紹介しましょう。

大阪で手作りアロマ石鹸とバスアイテムを輸入・販売しているステンダース・ジャパン（谷本瑞絵さん経営）では、「オールインワン・マネジメントシート」と呼ぶツールを活用して、スタッフに任せる仕事内容、連絡事項の伝達、スタッフからの報告を一元管理しています。

店にあるマネジメントツールには、日報、連絡ノート、作業指示書など、さまざまなツールが存在しています。ただ、多種のツールを使うとなると、現場のスタッフがツールの使い方を理解できず混乱しますし、すべてのツールへ必要な情報を記入していくとなると、膨大な時間がかかってしまいます。

そのため、谷本さんの店では、それらすべてを1枚のシートに集約しているのです。

「オールインワン・マネジメントシート」の使い方

①「作業指示書」としての機能と使い方

店で一般に使われている作業指示書は、業務項目だけが一覧表としてリストアップされているものが多く、シート自体がパウチされ、事務所の壁などに貼り付けて使用されているケースが大半です。

しかし、現場でこの作業指示書がきちんと活用されているケースは、ほとんどありません。なぜなら、新人スタッフであれば、仕事の流れが頭の中に入っていないので指示書を見ながら仕事をすることになります。でも、ある程度慣れてくると、やるべきことが頭に入ってしまうので、指示書を見なくとも作業ができるようになります。

すると、今度は勝手に仕事の流れを作って行動するようになり、結果として、面倒な仕事が省かれたり、後回しにされたりすることになります。

谷本さんが活用している「オールインワン・マネジメントシート」は、曜日ごとに違う指示内容が記載されているので、毎日やるべきことが異なります。つまり、シートを確認して仕事を進めることが必要となるので、我流に走ることがなくなります。

また、時間帯ごとにもやるべきことが指示されていますので、入社間もないスタッフであっても、何をしたらいいのか分からずに困るということがありません。こうすることで、生産性はぐっとアップします。

②「報・連・相ツール」としての機能と使い方

報・連・相を行う際に手間が掛かってしまうと、そのこと自体がおっくうになるので、店内のコミュニケーションが希薄化してしまいます。そのため、できるだけスピー

月曜日		入口の暗証番号		
		警備カード		
		鍵		
		着替えなど		
	10：44	タイムカード		名前
		レジ金をレジに	釣銭不足分リストアップ→ 和美さん	
		留守番電話・FAX チェック	TEL：有・無　FAX：有・無　有→伝言に記入、宛先へ渡す	
		お湯ポット、水補充		
		掃除	カウンター	
			木製棚ワックス磨き　②③④	
			ランプシェード	
			全棚拭き掃除	
			自転車拭き	
	10：55	シャッターを開ける		
		窓ガラス　クリーナー　から拭き		
		店正面をほうきで掃く		
		自転車を店前に出す		
		ドライフラワー（陽が当らないとき）を店前に出す		
		看板を店前に出す		
	11：00	開店		
		OPEN 表示する		

曜日ごとに作業項目が異なる

火曜日		入口の暗証番号		
		警備カード		
		鍵		
		着替えなど		
	10：44	タイムカード		名前
		レジ金をレジに	釣銭不足分リストアップ→ 和美	
		留守番電話・FAX チェック	TEL：有・無　FAX：有・無　に記入、宛先へ渡す	
		お湯ポット、水補充		
		掃除	カウンター	
			木製棚ワックス磨き　⑤⑥	
			スタンプ　スタンプ、パッド、インク補充	
			ギフト用ドライフラワー周辺　中を出して掃除機で吸い取る、拭く。	
			全棚拭き掃除	
			自転車拭き	
	10：55	シャッターを開ける		
		窓ガラス　クリーナー　から拭き		
		店正面をほうきで掃く		
		自転車を店前に出す		
		ドライフラワー（陽が当らないとき）を店前に出す		
		看板を店前に出す		
	11：00	開店		
		OPEN 表示する		

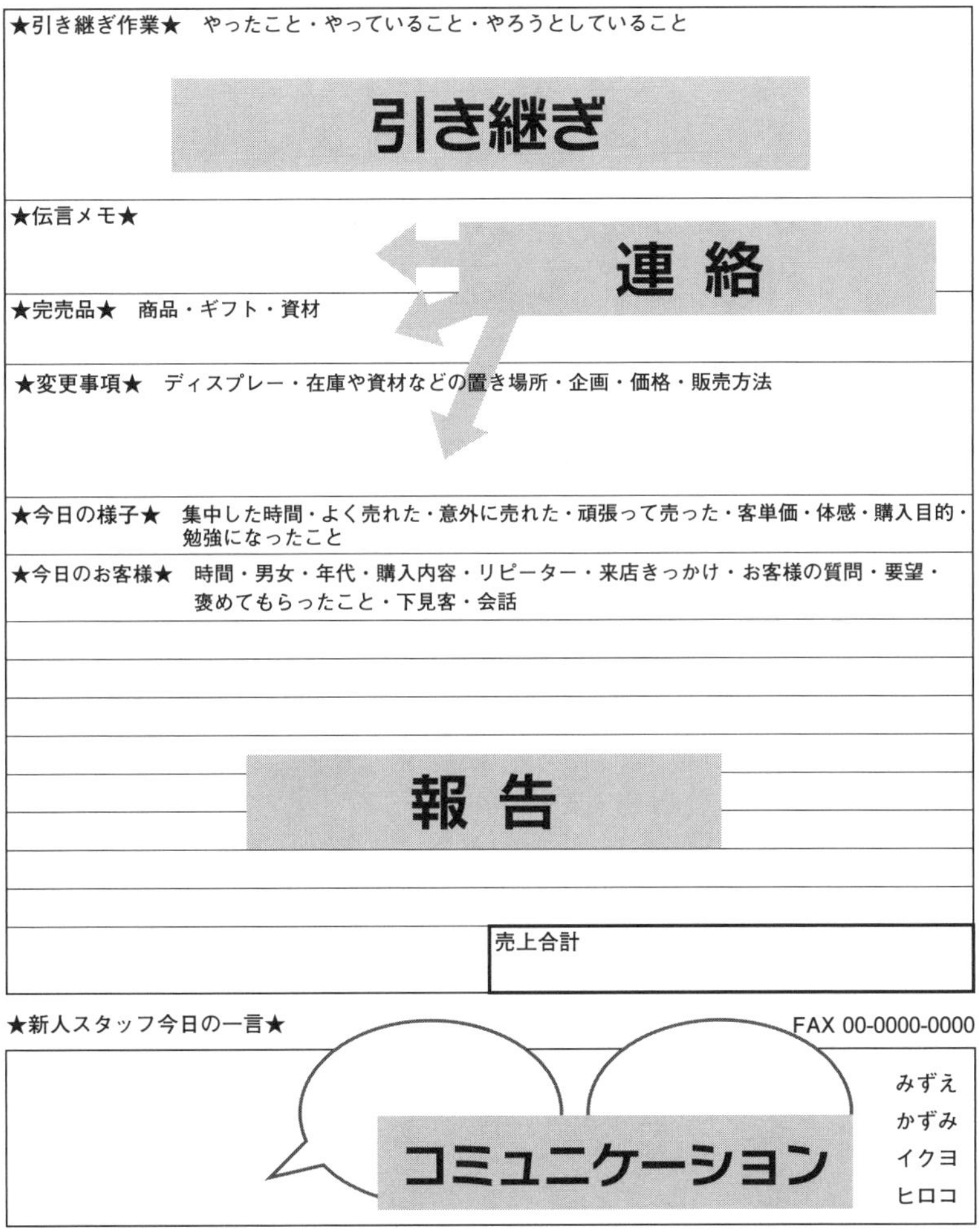
★引き継ぎ作業★　やったこと・やっていること・やろうとしていること

引き継ぎ

★伝言メモ★

連　絡

★完売品★　商品・ギフト・資材

★変更事項★　ディスプレー・在庫や資材などの置き場所・企画・価格・販売方法

★今日の様子★　集中した時間・よく売れた・意外に売れた・頑張って売った・客単価・体感・購入目的・勉強になったこと

★今日のお客様★　時間・男女・年代・購入内容・リピーター・来店きっかけ・お客様の質問・要望・褒めてもらったこと・下見客・会話

報　告

売上合計

★新人スタッフ今日の一言★

FAX 00-0000-0000

コミュニケーション

みずえ
かずみ
イクヨ
ヒロコ

ディに、また簡単に使える情報伝達ツールが必要となります。

ステンダースの店では、「オールインワン・マネジメントシート」を、スタッフが売場で待機しているカウンターの上に常時設置しています。皆の目につく場所に置かれているので、思いついたときに、その場ですぐに記入することができます。

そうすることで、報・連・相が活発に行われるようになるのです。

実際、谷本さんの店では、このツールを介して、新人スタッフへの声掛けや、シフトの関係でなかなか顔を合わせる機会のないスタッフ同士がうまく情報共有をすることができるようになり、店内のコミュニケーションが充実してきています。

05 最後は責任を取ると伝える

仕事を任せられると、「うまくできなかったらどうしよう……」と思い、失敗したときのリスクのことを考えてしまう人が多いようです。

失敗することに対して、不安をまったく感じない人は多くはありません。そして、その気持ちが大きければ大きいほど、行動量は少なくなり、いつもの力が発揮できず、良い結果を出すことができなくなってしまいます。

また、スタッフが実際にミスを犯した場合に、「あなたに任せたことなのだから、ミスしたことは自分で責任を持って解決してもらわないと困る」などと言い、一度でも知らんふりをするようなことがあったとしたら、次に仕事を任せようとした際に、そのスタッフは快く引き受けてくれなくなってしまいます。

そうならないためには、**経営者やマネージャーが「最後は自分が責任を取るので、思い切ってやってみなさい」と、任せる際に同時に伝えておく**ことが必要です。

そうすることで、たとえ今まで担ったことのない、大きな責任を伴う仕事を任せられたとしても、スタッフの気持ちはぐっと軽くなり、「そう言ってくれるのなら、大変かもしれないけれど、頑張って挑戦してみよう！」と思えるようになります。そして、いつも以上の実力を出して業務に取り組むことができるようにもなれるのです。

サントリーの創業者である鳥井信治郎氏は、新しいことを提案してくる部下に対して、事あるごとに「やってみなはれ」と言い、挑戦することを奨励し続けたと聞きます。この言葉の裏には、「挑戦してうまくいかなかったら次の手を打てばいいいし、それでも駄目なら、最後は経営者である自分が責任を取ればいい。だから、思い切って行動してみなさい」という思いが隠れていると私は捉えています。

その言葉に背中を押されたサントリーの社員たちは、次々に新しい分野に触手を伸ばしていき、結果、日本を代表する総合食品メーカーの一つになるまで、会社を成長させることができたことは周知の事実です。

「最後は自分が責任を取るので、思い切ってやってみなさい」

この言葉は、仕事を任せる際にスタッフに勇気を与え、行動を促進する、魔法のフレーズです。

あなたの店のスタッフが、抱えている仕事に対してプレッシャーを感じ、行動が停滞し、思ったような結果を出せていないなと感じたときには、ぜひお試しいただければと思います。

3 任せた後のコツ

01 「任せて任さず」を徹底する

「あなたに任せた」と言って、後は知らんふり。そして、結果が思ったようになっていないと不機嫌になる。

そんなことをしていると、スタッフは大きなストレスを抱えてしまいます。**スタッ**

フに仕事を任せたとしても、仕事の進捗状況、途中経過についての報告は常に受けるようにしておき、現状把握に努めるのはとても重要なことなのです。

仕事を任せられたスタッフは、成し遂げるために努めようとしますが、その過程で壁にぶち当たり、身動きが取れない状況になることも少なくありません。

また、任せたきりになっていると、間違った方向にどんどん進んでいたとしても、スタッフはそれに気づくことはできません。

私が、以前勤務していたアパレル専門店チェーンで地区統括マネージャーをしていた頃、担当店の店頭ディスプレーが、まったく魅力を感じないお粗末なものになっていたことがありました。

いつもは他店の模範となるような素敵なディスプレーをしているのに、その日に限ってどうしてそういう状態になっているのか？　理由を店長に尋ねました。するると、そのディスプレーは入社して数カ月しかたっていない新人スタッフが担当したからだという答えが返ってきました。

店の顔ともいえる場所でのディスプレーですから、センスのないコーディネートで着せ付けられていると入店客は激減します。そのため、その場で変更を指示することにしました。

でも、店長はすぐに首を縦に振りませんでした。店長いわく、ディスプレーを完成させるのに時間をかけ、苦労をした新人スタッフの気持ちを考えると、今すぐ変更を指示することはできないというのです。

確かに店長の言うことも一理あります。でも、売上を大きく左右する場所のディスプレーがあまりにも魅力に欠けるものである以上、早急に変更するのは当然でしたので、その場はなんとか店長に納得してもらい、渋々ですが変更することになりました。

ここでの店長の間違いは、**たとえ任せたことであったとしても、明らかにおかしいと思えることに対して、スタッフが仕事を完了する前の段階で、正しいことを示すアドバイスができずにいた**ということです。

自分が行動したことに対して、自ら間違いに気づかせて学習させるという育て方もありますが、重要な部分で間違えているのを放置していると、取り返しのつかない事態になる可能性もあります。

また、スタッフによっては、自分の間違いに永久に気づかない人もいますので、そういう場合は、結果として人材育成にもならないわけです。

任せたことを放置していてはいけないのです。

経営の神様と言われる松下幸之助氏は、「任せて任さず」という言葉を残しています。その言葉通り、**任せた後はしっかりとコミュニケーションを取り、おかしいと思ったことに対しては、間違いをきちんと指摘し、修正していくことが必要**です。

その際、「せっかく頑張っているのだから、もう少し様子を見てからにしよう」とか、「こんなことを言うと、やる気を削いでしまうのではないか……」などと考えて気をつかい、放置することはやめましょう。スタッフに〝心づかい〟をすることは大切ですが、〝気づかい〟は必要ありません。

02 我慢して任せる

任せた仕事の途中経過の報告を聞いたときに、自分が思い描いている状況になっておらず、やり方も自分の方法とは異なるものであった場合、口や手を出してしまうという方も多いのではないでしょうか。

そのときに、あれやこれやと指示を出し、変更を言い付けることになると、せっかく責任ある仕事を任されて、やる気になっているスタッフのモチベーションが急降下してしまうことになりかねません。

上司からの指摘に対してそれに強く反発し、自分のやり方を突き通そうとするスタッフは少数派です。大半は自分の考えを仕方なく曲げて、上司に言われたように軌道修正を行うことになってしまいます。

そうすると、本来は任されたはずの仕事なのに、実際には指示に従って、「作業」をするだけとなってしまいます。これでは、スタッフの成長は見込めません。

スタッフに仕事を任せた後は、たとえ、進捗状況が自分の理想とは懸け離れている状況になっていたとしても、大きなブレや完全なる間違い、損失を被るような重大な事態になっていないのであれば、口や手を出したいという気持ちをぐっとこらえて、まずは、スタッフが思ったとおりにやり遂げさせましょう。

私がセブン‐イレブンのＦＣ店を経営していた頃、開業当初からスタッフに発注を任せるようにしていたのですが、当初は彼、彼女たちが一通り終えた発注を毎回見直し、自分の考えと違う発注がされていたときには、その場で上書きを行い、発注の修正をしていました。

そのやり方をしばらく続けていたところ、スタッフは、「どうせ自分が発注しても後でオーナーが書き換えるのだから……」と考えるようになり、真剣に取り組まなくなってしまいました。その結果、２５００品目におよぶアイテムの発注を実質、私一人でこなさなければならなくなりました。

もちろん、そうなると適正な発注を行うことができなくなるので、売上も低下し、発注ミスによる商品廃棄ロスが増加し、一気に経営不振に陥ってしまいました。

その後は、もう一度、発注分担の体制を仕切り直すことにし、担当者には、その部門の商品売上、荒利益管理、在庫管理、鮮度管理、売場づくりのすべてを任せきることにしました。

その際、途中でのアドバイスや相談には乗りましたが、あれこれ口出しすることは控え、担当者の行動を見守ることにしたのです。結果として、スタッフのモチベーションはアップし、業績も徐々に上向いていきました。

自分と同じような考えを持ち、同じように行動する人物は、この世の中にほとんど存在していません。**自分と他人（スタッフ）は別の人物であり、任せる相手に対して自分のコピーとなることを求めてはいけない**のです。

スタッフに仕事を任せる際には、目的とすることがブレていないのであれば、そこに到達するまでの道筋に関しては、各自の考えのもと、自由に選ばせることをお勧めします。

山登りもそうですが、頂上に到達するための登山コースは複数あるものです。その選択に関しては、スタッフに一任するべきです。

03 任せることを定期的に変える

「慣れ、だれ、崩れ、去れ」は、劇団四季の浅利慶太氏の言葉です。

同じことを長く続けていると慣れてきて、だれが生じ、最後には崩れてしまう、という意味です。さらに、劇団四季ではそういう状態になった劇団員に対して、最後は「去れ」と言い渡すことになります。

そういった厳しい考えのもと、劇団運営がなされているからこそ、「キャッツ」や「ライオンキング」「オペラ座の怪人」など、数多くのロングラン公演を実現し、日本一の劇団に仕立て上げることができたのではないかと私は考えます。

これは、店の現場にも通じる話です。

同じ仕事を何カ月も続けていると、仕事には慣れてきますが、その後は慣れを通り越してだれてきて、我流で仕事を進めがちになってしまいます。仕事のやり方が我流になると、本来やってほしい業務が勝手に省略され、放置されることになります。

また、現状に慣れてしまうと問題点に気づきづらくなり、改善点も見出されなくなってしまいます。新しい刺激がなければマンネリ状態になり、やる気も低下します。

そうなると、任せた仕事もきちんとこなせなくなりますので、結果として店の業績は低迷してしまいます。

スタッフの「慣れ、だれ、崩れ」を防ぐ一つの方法は、**任せる仕事を定期的に変える**ことが効果的です。

例えば、私が経営していたセブン‐イレブンの店では、弁当部門の発注担当者を牛乳・パックジュース部門の担当へ、牛乳・パックジュース部門の担当者をカップラーメン部門の担当にするなど、半年ごとに発注担当の部門を変えていました。

新任担当者は、新しく扱う商品がどの程度売れるのかなどの先入観を持っていないので、前任者にはない思い切った数の発注をすることもあり、それが、うまくヒットし、大きく売上を伸ばすことにつながる場合も多々ありました。

また、担当者が変われば、売場の陳列や販促ＰＯＰの書体なども変わります。売場の雰囲気が変われば、お客様にも新鮮に映りますので、売上もグンとアップすることになります。

実際、下の方に陳列していた商品の陳列場所を、新しい担当者が少し上の棚に置き換えたことにより、ヒット商品になったというケースも多いのです。

また、担当する売場や商品が変わると、スタッフは初心に戻って新鮮な目で売場を見ることができるので、前任担当者では気づけなかった問題点、やり方を発見することができます。

これは業務改善にもつながり、同時に作業効率も良くなります。

任せる仕事を定期的に変えることで、「慣れ、だれ、崩れ」を防ぐのと同時に、店の業績とスタッフのモチベーションが上がります。

04 報告を鵜呑《うの》みにしない

スタッフに仕事を任せた後で、さまざまな報告を受けることがありますが、それらがすべて事実に正確な情報とは限りません。

私の経営していたセブン‐イレブンの店で、早朝の時間帯のマネジメントを任せていたシフトリーダーから、Aさん（女性スタッフ）の勤務態度が良くないので、オーナーから注意してほしいという申し出を受けたことがありました。

Aさんについては、どんな人物なのかということはよく知っていましたが、そこで聞いた内容があまりにもひどいことばかりだったので、にわかに信じることはできませんでした。

そこで、報告をしてきたシフトリーダー以外のメンバーにAさんのことをそれとなく尋ねてみたところ、報告内容の一部は事実でしたが、それ以外のことは、かなり歪曲《わいきょく》して報告されていることが分かりました。

それでも、「本当のところはどうなのか?」ということが知りたかったので、早朝シフトの時間帯に抜き打ちで店に行き、現状を自分の目で確認することにしました。

すると、やはり最初に聞いた話と事実には大きな乖離《かいり》があることが分かったのです。

なぜ、こうしたことが起こるのでしょうか。

それは、**報告されたことに、そのスタッフの主観が入る**からなのです。

例えば、Aさんのことをあまり快く思っていないスタッフからの報告となると、その感情を通してAさんの報告がなされるわけです。

人は、先入観のフィルターを通して物事を見聞きし、理解しようとします。ですから、スタッフからの報告も、すべてを鵜呑みにしてはいけないのです。
もちろん、スタッフの話をすべて信じてはいけないということではありません。**一次情報を取ること、つまり、自身の目と耳と体を使って、現場で真実を確認することも忘れてはいけない**ということなのです。

もし、それが難しいのであれば、できるだけ多くの人から話を聞き、情報を集めることが必要です。

事実ではないことを元に、注意をしたり、叱責したりするようなことがあれば、本人としては納得がいかず、快く思わないでしょう。
また、それが元でスタッフとの信頼関係が崩れてしまうこともあり得ます。実のところ、私も以前はそういう失態を繰り返していた時期もありました。

もし、あなたの店でそういったことがあったとしたら、私の二の舞いにならぬよう、事実を自分で確認することに努めてください。

05 ゴールイメージを一つにする

仕事を任せた際、その仕事の出来栄えが納得できるレベルにまで達していないというケースも、時にはあるでしょう。

私自身、セブン‐イレブンの店を経営していた頃、スタッフから任せた業務の完了報告を受け、それを現場で確認した際、「もうちょっと丁寧にやってくれたらいいのに……」とか、「なぜ、ここまでやらないのだろう?」などと感じることが多々ありました。

もちろん人にもよりますが、私の経験からすると、スタッフが任された仕事をする上で手を抜き、いい加減な気持ちで業務に取り組むようなことはほとんどありません。

むしろ、一生懸命に仕事をしている場合の方が多いのです。

それにもかかわらず、結果は、われわれからすると不足な部分が目立つことが多いのはなぜでしょうか？

それは、**お互いが持っている「完成型（ゴール）のイメージ」にズレがある**からなのです。スタッフが「ここまでやればいい」と思っているゴールと、経営者やマネージャーが「ここまでやってほしい」と思っていることが異なるのです。

このような認識のズレが生じてしまうと、スタッフとしては「せっかく一生懸命にやったのに、文句ばかり言われて心外だ！」と憤慨しますし、任せた方としては、「どうして指示したことができないのか！」という具合に、お互いにストレスを抱え、わだかまりを持つことになります。

以前、家事の生産性向上のアドバイザーの方とお話をしたとき、片付けが苦手な子供に部屋をきちんと片付けさせるための方法を聞きました。そこでのポイントは、**「親**

と子が共通のゴールをつくる」ことでした。

具体的には、きちんと片付いているときの部屋の写真を撮り、それを共通のゴールとしてお互いに認識し、写真と同じ状態になるように片付けさせるというものでした。

「部屋をきちんと片付けなさい」といくら言い聞かせても、親が考えている片付いた部屋のイメージと、子供が抱いているそれとが、別ものである場合が多いのです。

各自が持つゴールイメージを一つにするため、きちんと片付いた部屋とはどういうものかについて、お互いに同じ写真を見て確認し合うのです。

これは、家庭での子供のしつけだけではなく、店でも応用することができます。

実際、アパレル専門店チェーンなどでは、売場のレイアウト指示書や陳列指示書として売場の完成型の写真を店舗に配布し、売場づくりを行っています。

完成した状態をビジュアルで見せることで、現場では迷うことなく、本部が理想とする売場を再現することが可能となります。こういった指示書がないと、スタッフが好き勝手に売場をつくることになりますので、本部の意図が店に反映されなくなってしまいます。

何度言ってもスタッフが分かってくれない、うまく任せられないという場合は、スタッフとのゴールイメージにズレが生じている可能性があります。

そういうときは、言葉で伝えるだけでなく、**完成型をビジュアルで見せて、お互いのゴールイメージを一つにしていく**ことが必要です。

第3章

任せづらい人への任せ方
～職場によくいる5タイプ～

こちらの意図に反したことばかりするスタッフの存在は、経営者、マネージャーの悩みの種ですよね。

私自身も、セブン‐イレブンのFC店を経営していた頃は、「スタッフが思ったように働いてくれない」「何でこれくらいのことができないのか」と思うことが多く、ストレスを感じていた時期がありました。

しかし、そういった悩みの元となるスタッフは、何パターンかのタイプに分けることができ、それぞれに最適なアプローチを行うことで、無理なくスムーズにマネジメントすることが可能となります。

ここでは、手の掛かる代表的な5つのタイプへの仕事の任せ方をご紹介したいと思います。

(1) 返事は抜群！　結果はミスばかりタイプ

仕事を任せた際に、「はいっ、分かりました！」と元気に返事をし、やる気モード全開で取り組むものの、いつも肝心なところでミスを繰り返すタイプのスタッフはいませんか？

これは、私がアパレル専門店チェーンで店長をやっていたときの話です。販売力があり、人当たりも良く、お客様からの評判も悪くないのですが、任せた仕事をこなしていく中でミスを連発するという、入社2年目の若手女性スタッフがいました。

彼女のミスが原因でクレームに発展するケースもあり、その対応に頭を悩ませていた時期がありました。そこで、彼女がミスをする原因を調べたところ、私が指示をしたことを大まかには理解していますが、細かなことについて分からないことがあったとしても自分流に解釈し、そのまま行動してしまう傾向が強いことが分かったのです。

このタイプへの最も効果のある対処法は、**「指示事項が正しく伝わっているかどうかの確認を行うこと」**となります。

指示を出すたび、毎回確認することは難しいでしょうから、ときどきでよいので、抜き打ちでチェックしてみるのです。

私の店では指示事項の伝達を行う際に、Ａ４のシートに連絡事項を記入して回覧するようにしていました。そして、シートのチェック欄に本人の既読サインが入っていることを確認した上で、あえて「今日、連絡シートになんて書いてあったっけ？」と質問し、その場で伝達事項を要約して言ってもらいます。その際、理解していない箇所があれば補足説明をし、確実に分からせていくことを繰り返します。

地道な作業にはなりますが、このタイプのスタッフに安心して仕事を任せるために、そして、ミスの発生率を下げるためには、最も効果のある方法だといえます。

（2）普段は従順、いきなり反旗を翻すタイプ

あなたの店にも、頼み事をしても嫌な顔一つせず、素直に「はい」と答え、仕事をきちんとこなしていく従順なタイプのスタッフがいるのではないでしょうか？

仕事の出来栄えも必ず期待通りの結果となるので、ついそのスタッフに仕事を回しがちになってしまいます。

私がセブン - イレブンのＦＣ店を経営していた頃、任せた仕事もそつなくこなし、誰かが欠勤した際のピンチヒッターとして、急な出勤を依頼しても二つ返事で応えてくれる学生スタッフがいました。

しかし、知らず知らずのうちに、彼がシフトに入る回数が増えてしまい、数カ月たつとほぼ毎日、店に出勤してくる状態になっていました。彼がいると仕事もはかどるし、安心して売場を任せておけるので、私としては良いことづくしでした。

でも、ある日突然、「オーナー、お話があるんですけど……」と切り出され、退職願いを申し渡されてしまったのです。その日からは、彼の抜けた穴を埋めるため、私も売場に駆り出され、一時的に人手不足の状況に陥り、店が回らなくなってしまったという苦い経験があります。

普通、退職を依願してくるときは、数週間前からなんとなく態度や表情に変化が表れるものなのですが、このタイプにはそういう予兆が一切見られず、突然、やる気が低下してしまい、ひどいときには、当時の私のようにその場で三行半《みくだりはん》を突き付けられることになってしまいます。

このタイプへの対処法は、ズバリ**「仕事を目いっぱいさせないこと」**です。

この手のスタッフは、基本的に真面目な気質の持ち主なので、任された仕事は一切手を抜かず一生懸命取り組みます。それがゆえ、きちんと結果を残しますので重宝がられ、仕事がどんどんそのスタッフに集中してくるようになるのです。

ただ、自分のキャパをオーバーしていたとしても、本人からはノーと言えないため、仕事もストレスも同時に目いっぱい抱え込んでしまうことになります。そして、限界に達した段階で突然、反旗を翻すことになるのです。

このタイプに仕事を任せる際には、小まめにコミュニケーションを取り、置かれている状況を把握し、仕事量が増え過ぎないように、こちらがコントロールしていくことが必要となります。

(3) いつも反対ばかり、自己防衛タイプ

私がコーチングサポートを提供している老舗居酒屋の二代目も、このタイプのスタッフに悩まされていました。

本を読んだり、セミナーに参加したりして学んだ経営手法を店に導入するため、新しいことを始めようとすると、決まって古株のスタッフが反対してくるのです。

そのとき、彼に伝えたのは**「新しい仕事を任せる際の手順を変える」**ことでした。

経営者やマネージャーが新しい提案を行う際、いきなり新規提案のカードを提示してしまうことが多いのですが、これではスタッフからの同意は得られません。

多くの人は、自分の置かれている状況が変化するのを嫌います。つまり、唐突に新しい仕事を任せられようものなら、反射的に反対のカードを突き付けるというのは、ごく自然な行動なのです。

そこで、彼には以下の順序で伝えるようにお勧めしました。

(1) これまでの功績に対して感謝する　(承認)
(2) 数字を用いて現状を説明する　(現状把握)
(3) 現状の問題点を指摘する　(問題提起)
(4) 現状のまま進んだ場合の将来像を伝える　(未来予想)
(5) 改善策、新規に任せる仕事内容を伝える　(提案)
(6) 協力してくれるようお願いする　(依頼)

伝える順序を間違えると、どんなに良い提案であっても受け入れられることはありません。新しい提案を受け入れてもらうためには、まずはスタッフが今までやってきたことを認め、そのことへの感謝を伝えることから始めなければなりません。
そうしないと、自分たちがこれまでやってきたことを否定されると感じ、自己防衛の行動を取ってしまうのです。

また、話の最後は「明日からこうするので指示に従うように」と締めくくるのではなく、「より良い店を目指すために、ぜひ協力してほしい」「あなたの力が必要だ」と締めくくり、指示命令調にならないよう配慮する必要があります。

そうすることで、「そこまで言うのなら一肌脱いでやろうか！」と思い、新しく任せられた仕事に積極的に取り組むようになっていきます。

（4）自分で考えない、とにかく依存タイプ

ちょうど、セブン-イレブンのFC店を開業して2年が過ぎた頃、スタッフもある程度安定してきたので、久々に家族でディズニーランドに行くことになりました。

当時はファストパス（通常より短い待ち時間でアトラクションを利用できるチケット）がありませんでしたので、夏休みということもあり、人気アトラクションには長蛇の列ができていました。

私たち家族も、お目当てのアトラクションを利用しようと、炎天下の中、1時間半以上列に並び、ようやくアトラクションに乗れる一歩手前の所までこぎ着けました。

そのとき、私の携帯電話に店から電話が入ったのです。

電話の内容は、「カツカレーを販売するときに渡す、先割れスプーンの在庫が切れたので、どうすればよいか?」という質問でした。

先割れスプーンというのは、ご存じだとは思いますが、スプーンとフォークの間のような形状をしています。それなら、たとえその在庫がなくなっても、スプーンとフォークを代用すればよいと思いつくはずです。

しかし、私の店のスタッフは自分で考えることをせずに、質問をして答えを聞き出そうとしたわけです。

私が家族と一緒に久々の家族旅行を楽しんでいることなど、お構いなしで電話をかけてきたスタッフに対して、正直、最初は腹が立ちました。ただ、後でよくよく考えてみると、そのスタッフに今回のような行動を取らせたのは、私自身の責任であることに気づきました。

当時の私は、スタッフに仕事を任せる中で、「分からないことがあれば、すぐに質問をしなさい」と言っていました。そのことが、結果として、彼、彼女たちが自分で考えて行動するのを妨げていたのです。つまり、私自身が、私に依存するように仕向けていたことになります。

その結果、先割れスプーンの代用として、スプーンとフォークを渡すという簡単なことすら、自分で考えずに解決策を聞きに電話をしてきたのです。

店の中には、このように何でもかんでも質問してくるスタッフが多くいるものです。そういった依存型のスタッフに仕事を任せる際は、分からないことがあれば、質問する前に、まずは自分で考えて答えを見つけることを促す必要があります。そのためには、問題解決を自らできるような手引き書やマニュアルをしっかりと用意しておくことが必要です。

そうすることで、経営者、マネージャーに依存せずに、自ら考え、行動して、任せた仕事をこなせるスタッフになっていきます。

（5）時間がかかる、おっとりし過ぎタイプ

これも、以前私が経営していたセブン‐イレブンの店での話です。何を任せても人の2倍以上時間がかかり、やることなすことヘマばかりの女性スタッフがいました。

彼女は「おっとりし過ぎ」という点を除けば、素直で性格も良く、国立大学の学生なので頭もいいし、プライベートで接するのであれば、申し分なくいい子の部類に入る人材でした。ただ、おっとりし過ぎているがゆえ、なかなか仕事を任せることができず、店の中での問題児になっていたのです。

そのスタッフを採用したのは私でしたので、腹をくくり、彼女専属の教育係になり、一人前になるよう育てていこうと決めました。

彼女を教育していく際に行ったことは、以下の3つです。

①普通のスタッフよりも、細かく分解して教える。
②一度教えたことでも、少しでもあやふやな箇所が見つかれば、理解するまで何度も教え直す。
③他のスタッフの習熟スピードと比較せず、彼女のペースに合わせて教える。

そうは決めたものの、予想以上に手が掛かる状態に、正直、いら立ちを覚えることもしばしばありました。

結果として、すべてを教えきるのに、一般的なケースの3倍の時間がかかりましたが、その後は、任せた仕事をミスなくきちんとこなせるようになり、最終的には学生スタッフのリーダーとなるまでに成長しました。

スタッフによって、仕事をマスターするスピードは異なります。業務の習得スピードが速い人が、遅い人を見ると「なんでこんなことがサッとできないのか」と首をかしげることになります。

仕事の教え方が全員一律になってしまうと、彼女のようなおっとりタイプであれば、ついていけずに中途半端な知識、スキルしか習得できず、あやふやな状態で仕事をすることになってしまいます。そのことがミスの多発につながるのです。

教える側やマネジメントを行う立場に立つ人は、相手にマッチしたペースで教育を行うことが必要です。そうすれば、おっとりし過ぎタイプのスタッフでも、仕事を任せられる人材に育てていくことは十分可能なのです。

第4章

任せるために外せない
コミュニケーションのルール

1 伝え方のルール

01 なぜ情報は正しく伝わらないのか？

スタッフに仕事を任せる際、必要な情報を、任せる相手にスピーディかつ正しく伝えることは必須です。

ただ、マネジメントの現場では、上司からの正確な情報が末端のスタッフにまで行き渡らず、それが原因で任せた仕事が思ったように進まなかったり、大事な場面でミスをしたり、顧客からのクレームの発生につながっています。

また逆に、仕事を任せたスタッフから、進捗状況などの報告がきちんと届かず、上司がストレスをためてイライラするなど、いわゆる報・連・相がうまく機能しないことで、組織のマネジメントがスムーズに行えず、仕事を任せることが進まないというケースも多々見られます。

なぜ、組織の中で情報は正しく伝わらないのでしょうか？

「人は聞きたいように聞き、見たように見る」と言われています。人は事実であることとは別に、目の前の状況を自分の解釈のフィルターを通して認識します。

また、自分が理解し得ないことは、そのフィルターにより振るい落とされ、情報は受け手の都合が良いように書き換えられていきます。

例えば、「すべての物は丸い形をしている」という解釈のフィルターを持っている人が四角形の物体を見ると、それは角が丸くなった四角形と球体のあいのこのような物として映ります。

このように、本来は四角形の物体であったとしても、**見る人独自の解釈のフィルター、簡単に言えば、「思い込み」によって情報が書き換えられると、事実とは異なって認識されていく**のです。

「伝えたつもりが伝わっていなかった」「伝えたことが歪曲されて伝わってしまった」ということが起こる原因は、このように情報を取る人の「思い込み」に起因することが多いのです。

こういったことが起こらないためにも、店の中で情報を正しく伝えるシステムを導入することはとても重要です。

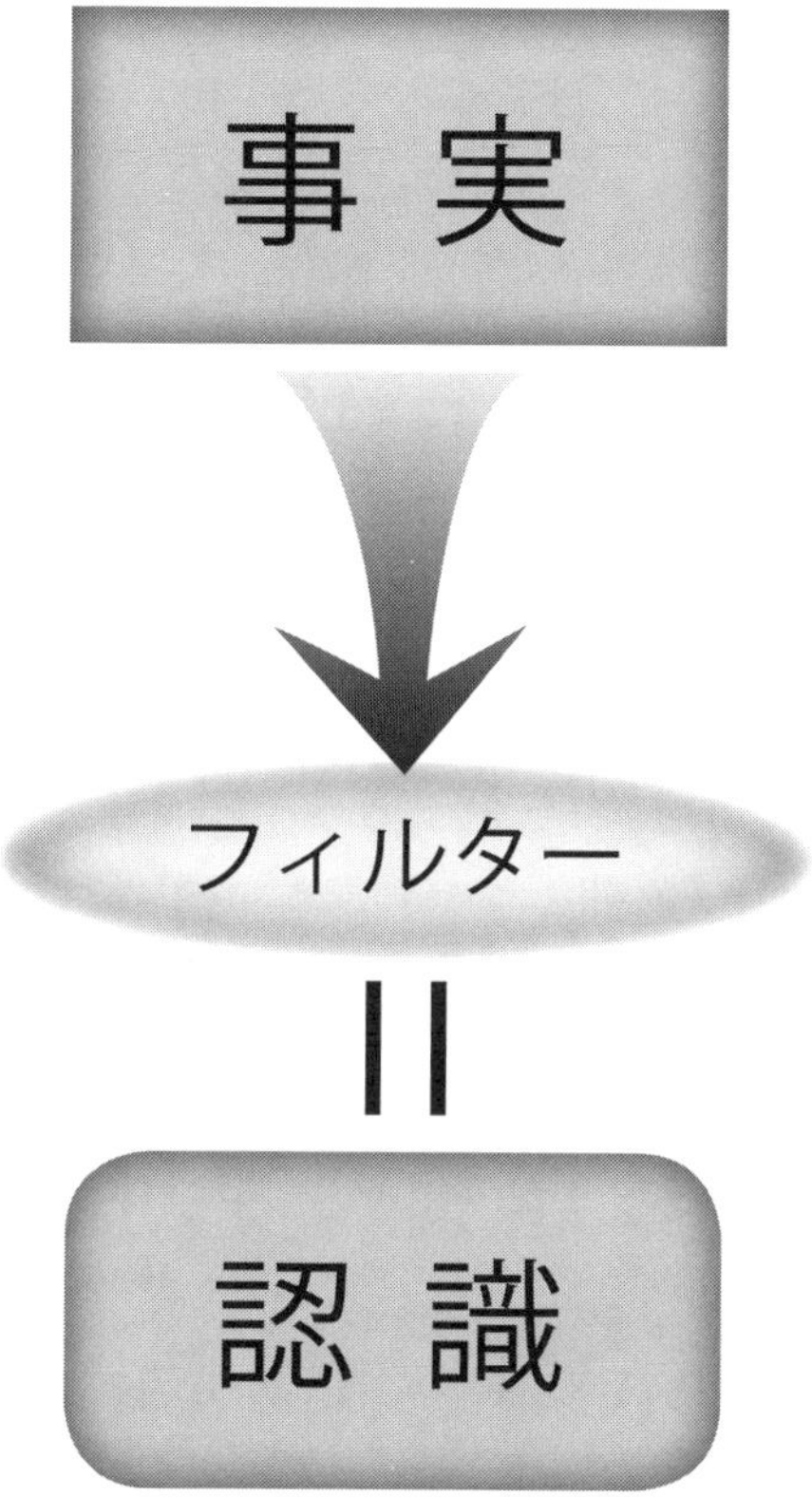
事実
フィルター
＝
認識

その代表例が「連絡ノート」の利用なのですが、そこで使われているノートの最終更新日を見ると、半年前などという状態で、「開かずの連絡ノート」になっている場合もよく見られます。

これでは、店内のコミュニケーションをうまく行うことはできません。

情報伝達のシステムが形骸化し、正しい情報が行き渡らない状況下では、スタッフは自分で勝手に判断をして行動を取るか、もしくは、どうすればいいのかが分からず不安な気持ちになり、身動きが取れなくなります。

そういった職場では、スタッフに仕事を任せていくことはできません。

必要な情報を必要な人に必要なときに伝えるためには、**情報の書き換えが容易に起こってしまわないような、店内の情報伝達のインフラを整備することが必要**です。

そのために、情報を正確に伝えるためのルールづくりは欠かせないことなのです。

02 すべてを明らかにして伝える

セブン‐イレブンのＦＣ店を経営して４年が経過したとき、近隣に自店の３倍以上の規模の駐車場を併設する、他チェーンのコンビニができました。車で移動すれば30秒とかからない距離にできたので、当然、売上に影響が出てきます。

でも、当時の私は、業界ナンバーワンの実力あるチェーンに加盟しているので、どんなコンビニが来ようとも大きな支障はないだろうと何の根拠もなくそう思い、高をくくっていました。

ところが、ボクシングで言うところのボディブローのごとく、客数の減少、客単価の低下……という具合に、徐々に業績が下降していくことになったのです。

その数カ月後、これ以上売上が下がると、経営が危うくなる一歩手前のところまで来たときに、スタッフ全員を集め、現状を知ってもらうためにミーティングを行いました。

その場では、自店が置かれている状況、売上実績などの詳細な数字も含め、すべての情報を公開して説明していきました。また、このまま推移するとスタッフの雇用を継続することが難しくなることも、包み隠さず伝えました。

そして、現場で頑張ってくれているスタッフの力なくしては業績回復を目指すことができないと強く訴え、頭を下げて協力を仰ぎました。

その上で、店の業績をどのように上げていくのかについての説明を行い、数カ月先までのアクションプランの工程表を見せ、今、店で行うべきこと、各自にやってほしいこと、この取り組みを行った先（売上が回復したとき）にどのような状況になるのかについて伝えていきました。

その後、当時のスタッフは全員がパート・アルバイトだったのですが、私が伝えたことを元にして、どうすれば売上アップができるのかについてのアイディアを出し合い、真剣に店のことについて考えてくれるようになりました。

そして、実際に現場でも、接客のレベルアップ、売場変更・ＰＯＰ作成の頻度アップ、商品発注の精度アップなど、仕事への取り組み方も大きく変わっていくことになったのです。

結果、前年対比で2桁減となっていた売上を、約8カ月で一気に2桁増にまでV字回復させることができました。

仕事を任せる際、開示できる情報については、できるだけ詳しく伝えていくことをお勧めします。

「どうして自分が任されることになったのか？」の理由が分からないまま、あやふやな状態で仕事をすることになったとしても、やる気のスイッチはオンになりません。

店の現状を真剣に説明してすべてを明確に伝えたことで、当時の店のスタッフは、私の思いをしっかりと受け止め、そして理解することができたのでしょう。

だからこそ、店のために協力してくれたのだと思います。

03 誰でも分かる言葉で伝える

仕事を任せる際、指示した内容が相手にとって難解であったり、そこで使われている言葉が理解できず主旨が伝わらなかったりすると、こちらが期待しているような結果を導き出すことはできません。

経営者やマネージャーが普段使っている言葉が、すべてのスタッフに通じるとは限りません。

特に、業界だけで使われているような専門用語、マーケティング用語、マネジメント用語などは、新人スタッフ、パート・アルバイトが理解していない場合も多いでしょう。

情報を伝えるときは、**誰でも分かる言葉・表現を使って伝える**ことが大切です。

私がかつて勤務していたアパレル専門店チェーンでは、「伝達事項は中学1年生が読んで理解できるレベルにしなさい」と上司から常に言い聞かされていました。

それくらい噛み砕いて丁寧に伝えなければ、情報は伝わらないということです。

ただ、普段自分が使っている言葉が、相手にとって難解なのかどうかの判断をすることは意外と難しく、当たり前のように使っていた言葉が実は理解されていなかったという場合も少なくありません。

例えば、セブン‐イレブンの本部の社員は、「売場マッサージ」という言葉をよく使っていました。

この言葉を聞いて、何をすることなのかが分かりますか？

一般にマッサージと言えば、リラクゼーションサロンなどが行っている「もむ」「ほぐす」をイメージしますよね。セブン‐イレブンで言うところの「売場マッサージ」とは、商品陳列・レイアウトの変更を行い、売場を新鮮に見せるようにするための作業のことを指します。こういった言葉を使って任せる内容を伝えたとしても、スタッフは理解することができません。

実際に、私の店でもアルバイトスタッフに対して、「今日はチョコレート売場のマッサージをお願いね！」と伝えることもあったのですが、その言葉を知らないスタッフからは、「売場のマッサージって何するんですか？　まさか、チョコレートを『もむ』のとは違いますよね？」と笑いながら聞き返されたこともありました。

これは一つの例ですが、似た状況が店の中でたびたび起こっているのです。

そして、今のスタッフのように、分からないことを分からないと言ってくるスタッフはごく稀《まれ》だと考えた方がよいでしょう。

多くは、理解できないことをそのままスルーして業務に取り掛かります。そうすると、当然ですが任せた仕事をきちんとこなすことができなくなってしまいます。

伝える際に使う言葉が、相手に通じるかどうかが分からない場合は、まずは社歴のもっとも浅いスタッフ、もしくは、出勤日数の少ないスタッフに伝えてみて、内容や使っている言葉が理解できるのかどうかを事前にチェックすることをお勧めします。

情報は、伝わってこそ価値が生まれるのです。

04 「今すぐその場で」伝える

任せた相手に対して、注意を促すことを伝えるときや、お小言を言わなければならない場合、本当は朝一番でそのことを伝える必要があるにもかかわらず、「今、伝えてしまうと一日中、不機嫌な状態でいることになるのではないか」とか、「朝からこんなことを言うとテンションが下がるだろうなぁ〜」と考えてしまい、その場できちんと伝えることができずにズルズルと夜まで引っ張ってしまって、結局、その日には伝えることができなくなってしまった……。

もしかしたら、あなたもそういう経験をお持ちかもしれません。

でも、そのときに伝えることをしなかったばかりに、スタッフが同じミスを繰り返したり、業務が思うように進まなくなったりすると、お互いにいら立ちを感じ、ストレスを抱えてしまいます。

伝えるべきことはタイミングを逃さないように、できるだけ早く伝えることが必要なのです。

伝えるベストなタイミングは「今すぐその場で」が基本です。

今は忙しいから、後でまとめて伝えようと思っても、そのときの感覚や記憶は時間の経過とともに徐々に薄れていくものです。

例えば、成績優秀者に対しての表彰やインセンティブの付与は、実際に成果を挙げたときではなく、月末や期末に行うのが一般的です。

しかし、結果が出てずいぶん時間がたってから評価されたとしても、そのときの気持ちがリアルによみがえることはありません。場合によっては、すでに状況が変わってしまい、業績が悪化しているというケースもあるかもしれません。そうなると、今さら表彰すると言われても、それどころではないというのが本音となります。

賞賛するのは、それに値する行動を取った瞬間、もしくは、結果が出たその場で行うのが最も効果的です。

そうすると、何に対して賞賛されているのかが肌身を持って実感できますので、今後、どう行動すればよいのかも分かるようになります。

とはいえ、接客の途中やピーク時間などで、タイミング良く伝えることができない場合もあるでしょう。そういう場合は、例えば「今の接客、ナイス！」などと書いたメッセージカードをそっと手渡すようにしてみてください。

時間が空いてからとか、手がすいてからではなく、「今、その場で」を意識して、伝えるようにしてみましょう。

また、相手の行動を見ていて、伝えたことが反映されていないと感じたときには、その都度、伝え直していくことも必要です。

一度言ったから、それで満足するのではなく、常に相手の行動を観察し、指摘する必要がある場合は、頻度多く、そのことについて伝えていくのが大切です。

05 事実をありのままに伝える

任せた仕事に頑張って取り組んではいるものの、本来こちらがやってほしいと思っていることとは懸け離れた状況になっているケースも、時にはあるでしょう。

その際、頭ごなしに「そうじゃない！」「ダメだ！」と否定してしまうと、せっかくやる気を出して仕事に励んでいる状況に水を指すことになってしまいます。

できれば、やっていることが本来のあるべき姿からズレているということに自ら気づいてもらい、行動の修正ができれば、それに越したことはありません。

そこで活用できるのが、**相手に物事をありのままに伝える「フィードバック」を用いた伝え方**です。

フィードバックとは、物事の事実を脚色せずに、ありのままに伝えるコミュニケーションの手法です。

このフィードバックを用いると、相手に事実がそのまま伝わるので、自分のことを客観的に捉えることができるようになり、自身の現在地を把握することができます。また、あるべき姿（目標）との間にあるギャップに、自ら気づけるようにもなります。

その結果として、相手からの指摘がなくとも、どのように行動すればギャップを埋めることができるのかを考えられるようになります。

愛媛県今治市にある、こぐま小児歯科（渡辺正知さん経営）では、歯科衛生士の実習生に対して、ビデオ録画を使ったフィードバックを取り入れて成果を挙げています。

1カ月弱の短い実習期間で何を学んで帰ってもらうか——。院長、スタッフで考えた結果、こぐま小児歯科の一番の特徴である「子供への接し方」を実習してもらおうということになりました。

実習生には事前に、直接業務のやり方を教えることはしないので、自ら考え、見学して盗（学）んでくださいという基本姿勢も伝えています。

そして、スタッフが治療を行う際の「子供への接し方」を見学した後、実習生が見よう見まねで実際に子供を誘導するところを、ビデオ撮影することになりました（患者の親御さんへの撮影許可は得ています）。当然、うまく行かず、子供が泣き出したり、お母さんの方へ走って行ってしまったりと、初めのうちは失敗の連続でした。

その後も、院長やスタッフから「そのやり方ではダメだ」とか「こうしたらうまくいく」などの指摘や教育もほとんど受けることはなく、ただただ撮影したビデオを繰り返し見返すことを続けていったのです。

そうしたところ、実習の終盤戦で最後のビデオ撮影をする日に、今まで全然できなかった、子供を泣かすことなくうまく接することができるようになったのです。

ビデオを見ることで、自分の姿、やっていることを客観的に見ることができるようになります。そして、医院のスタッフがやっていることと比較することで、自ずと違いが見えてくるようになるのです。

すると、今度はどうすればギャップを埋めることができるのかを真剣に考え、そこで出てきたアイディアを実践するようになります。

それを繰り返していくことで、結果、実習生は短期間で手取り足取り教えられることなく、自ら、必要な技術を身に付けることができるようになったのです。

これは、まさしく、フィードバックを取り入れた教育の成果であると私は捉えています。

ビデオ撮影ができない場合には、言葉でフィードバックをしていくことになりますが、そのときのポイントは以下の5つです。

（1）批判・否定をしない
（2）客観的に伝える
（3）具体的に伝える
（4）相手が自力で変えられないこと（身体的なことなど）は伝えない
（5）信頼関係を築いてから伝える

特に、フィードバックを口頭で行う場合、相手と信頼関係が築かれていないと、相手から伝えられたことを素直に受け止めることはなかなかできません。

そうなると、いくらフィードバックをしても効果は出ません。

スタッフマネジメントにフィードバックを上手に用いることで、自ら考え、行動する人材を育てることが可能となるのです。

フィードバックの2つの伝え方

アイ（私）メッセージ

相手の行動、結果について自分自身が感じたことを「私」を主語にして伝える方法です。

例えば、頑張った相手に対して、そのことをねぎらう際に、「あなたはとても頑張りましたね」と伝えるのと、「あなたが頑張ってくれたので、（私は）とても助かりました」と伝えるのとでは、相手への伝わり方は異なります。

この場合、相手に対してより深い「ねぎらい」の気持ちを感じさせることができるのは、後者、つまりアイメッセージで伝えた場合となります。

また、相手の行動を変えたい場合にも、アイメッセージは効果的です。

モチベーションが落ちているスタッフに対して、「もっと元気良く接客しないとダメじゃないか！」と叱咤激励するよりも、「あなたがいつものように元気に振る舞っていないので、（私は）心配です」と伝えた方が、メッセージを受け取ったスタッフには響くでしょう。

スタッフは、自分が周りから元気がないように見えていることに気づくのと同時に、気づかってもらえていると感じます。

そうすると、「もうちょっと頑張ってみようかな」と思えるようになるのです。

アイメッセージは、気持ちを伝える、行動を変える双方に効果的な伝え方なのです。

ユー（あなた）メッセージ

見たまま、聞いたままの状態を、「あなた」を主語にして客観的に伝える方法です。

「（あなたは）接客のときにお客様と目を一度だけ合わせましたね」
「（あなたは）お辞儀の角度が15度ですね」
「（あなたは）頬づえをついて話を聞いていましたね」

話をしている相手からこのように言われると、何を感じますか？

何げなしに頬づえをついたことやお辞儀をしたときの角度などは、自分ではなかなか気づくことができません。でも、第三者から自分の状態を客観的に伝えられると、ドキッとしたり、自分の態度がどう映っていたのかな？と気になったりします。

「あなた」を主語にして相手の行動や状態を客観的に伝えていくと、受けた相手は自分の姿を冷静に把握することができるようになります。また、そのときのメッセージは素直に受け止めることができます。

ただ、その言葉の中に否定や批判、忠告が入っていたらどうでしょう。

例えば、「接客時にはもっと目を見なければダメじゃないか」「お辞儀の角度が浅いのでもっと深くしなさい」「頬づえをついて話を聞かれると不快です」のように伝えられると、反発する気持ちが出てくるのではないでしょうか。

そうなると、相手のメッセージを正面から受け止めることができなくなってしまいます。

ユーメッセージでフィードバックすることで、相手は自分の状態を冷静に理解することができ、指摘をせずとも、改善するべきことに自ら気づくことができるようになるのです。

06 すべてのスタッフに伝える

2011年のAFCアジアカップ（サッカー）の試合で、日本代表チームは2大会ぶり4度目の優勝を飾りました。

その大会は、レギュラーでスタメン出場となっている選手の活躍もさることながら、控えにいた選手たちの活躍が目を引きました。重要な試合で勝利に絡む得点を挙げたのは、すべて途中出場の選手たちでした。控え組の選手たちが試合の勝敗を決める活躍をし、結果として優勝のトロフィーを手にするまでに至ったのです。

代表チームに選ばれながらも控えに甘んじている選手たちは、せっかく試合会場にまで来ているのにピッチに立てないのですから、悔しい思いをしているはずです。それでも、途中出場した選手が皆、好プレーを見せることができていたのは、ベンチで座っているときでも、ピッチに立っている選手と同じ気持ちで試合に臨み、常にベストなコンディションでスタンバイができていたからではないでしょうか。

これは、店のスタッフにも通じる部分があります。

例えば、フルタイムで勤務している社員や、ロングシフトで勤務しているアルバイトに対しては、何かとコミュニケーションを取ったり、きちんと連絡事項を伝えたりと深く関わりを持ちますが、週に1回しか出勤しないスタッフとはコミュニケーションがあまり取れていない場合もあるでしょう。

もちろん、店にいる時間が短く、顔を合わせる機会が少ないので、ある程度仕方ない部分もあります。

ただ、そういうスタッフも、店で接客をする際には、毎日出勤しているスタッフと同じように動かなければならないわけですよね。

お客様にしてみれば、週に1回しか勤務していないとか、フルタイムで働いているとかは関係ないことです。

それなのに、出番の少ないスタッフには、店で何が行われているのかとか、連絡事項がきちんと伝えられていないというケースが、思いの外、多いようなのです。

これでは、他のスタッフと同じ動きをすることはできません。

すべてのスタッフに対して、分け隔てなくコミュニケーションを取る機会を設け、報・連・相をきちんと行うことは必須となります。

そうすることで、当時の日本代表チームのように、控えの選手もフル出場の選手と同様に、素晴らしい活躍をすることができるのです。

すべてのスタッフに、自分がこのチームの重要メンバーであるという意識を持たせることは、スタッフマネジメントを行う上で、とても大切なことです。

07 ウェブツールを使って伝える

スタッフの人数が1、2人程度なら大きな問題はありませんが、それ以上の人数になると、情報の伝達を口頭だけで行うことは困難になります。また、たとえ少人数であったとしても、繁忙期になれば、情報伝達を行うことはやはり難しくなります。

伝言ゲームをやった経験のある方ならお分かりかと思いますが、最初に言ったことと最後の人に伝わったことが、一言一句違わないというケースはごく稀です。

2人、3人、4人と進むにつれて、情報が抜け落ち、変形し、最初の人が話したこととまったく異なった内容になってしまいます。これと同じことを店の中でやるのは非常に危険です。

そのため、任せる相手に伝える情報は、形に残り、目で見て確認できるツールを使うことをお勧めしています。

ここでは、第1章と第2章で先に紹介した紙ベースの情報伝達ツールに加え、無料のウェブツールを使って情報伝達をスムーズに行う方法を紹介します。

ウェブでの情報伝達といえば、広く使われているのはEメールですが、ヤフー、グーグル、フェイスブックなどの標準機能である「グループ」を使えば、もっと簡単にスピーディに情報を伝えることが可能となります。

もちろん、これらのサービスはすべて無料で使えます。また、無料のウェブサービスを使用しても、設定を「非公開」にしておけば、部外者に情報が漏れる心配はありません。

各ウェブサービスのグループページに伝えたい情報を書き込めば、それが参加メンバーの持つ端末に自動で送信されます。また、既読かどうかについては、そのページにスタッフが既読の旨のメッセージを書き込むだけで確認することができます。

各自の携帯電話からでもアクセスできますので、いつでも情報を受け取ることが可能となります。
この方法は、シフト制の勤務形態を導入していて、週に1、2回程度しか出勤しないスタッフを抱えている場合には、特にお勧めです。

出勤日数の少ないスタッフとは、直に顔を合わせる機会がほとんどありませんので、情報が伝わったのかどうかの確認をすることもままならなくなります。そういうときに、この「グループ」を活用した情報伝達システムを活用すれば、スピーディに漏れなく情報伝達することができます。

このようなシステムを取り入れても、書かれている情報にパッと目を通しただけで、理解しないまま仕事に取り掛かるスタッフが数パーセントの割合で出てきます。
ただ、そういうスタッフのメンツはだいたい決まってきますので、個別に口頭で、情報が伝わっているのかどうかの確認を行うことも必要です。どれだけ完璧なシステムでも、エラーは発生するものですからね。

2 褒め方のルール

01 褒めることは難しい

褒められた人は、やる気が出る。
褒めると、次も頑張ろうと思ってくれる。
だから、スタッフをしっかりと褒めましょう！

人材育成の指南書には、必ずこう書かれています。

しかし、いざスタッフを褒めようとしても、なかなか実行することは難しいもの。「褒めることが苦手」と感じている方も多いのではないでしょうか。

私がアパレル専門店チェーンの店長をしていたとき、「スタッフのことを1日10回褒めなさい」と言われていました。

でも、いくら頑張って褒めようとしても、スタッフの良い部分よりも、ミスや不出来なことに目がいってしまい、なかなか褒めることができずに苦労しました。

当時の上司にそのことを相談したところ、「ちゃんと褒めなきゃダメだよ！」と言われ、褒めるどころか逆に叱られてしまったという笑い話のような経験があります。

なぜ、褒めることを難しいと感じるのか？

それは、褒めるためには、ある一定の条件を満たすことが必要だからなのです。

その条件とは、**褒める側が組織の中での上位者であること。そして、褒める側が望むこと以上の行動を取った場合、もしくは、褒める側の期待以上の結果を出した場合**となります。これらの条件を満たさなければ、褒めることはできません。つまり、褒めるチャンスはそれほど多くはないのです。

また、スタッフのことを褒め過ぎると、調子に乗ってつけ上がるのではないか、少しぐらい結果が良かったからといって安易にちやほやすると、甘やかすことにならないか。そういう思いが頭をよぎるため、褒めることをさらに難しくしているのです。

褒めるツボを押さえているか？

褒めることが難しいのは確かなことですが、世の中には「褒める達人」とも言える、スタッフを上手に褒め育てることができている経営者、マネージャーも多く存在しています。

以前、アメリカ大リーグの球団ロサンゼルス・ドジャースにトミー・ラソーダという監督がいました。野茂英雄投手が渡米した際の監督で、当時、日本のテレビコマーシャルにもときどき顔を出していたので、ご存じの方もいらっしゃるかと思います。

大リーグといえば、その道を極めてきた世界最高峰の実力者が集まる職人集団。ラソーダ氏は、そんな強者集団を見事にまとめ上げ、地区優勝8回、ワールドシリーズでも2回優勝し、アメリカ球界では20世紀の最も偉大な監督の一人として、広く認知されています。

偉業を成し遂げてきたラソーダ監督のマネジメントは、各選手の情報を徹底的にリサーチするところからスタートします。

例えば、A選手がホームランを打ってベンチに戻ってきた際、「いいプレーだった！」と褒めたのに、あまりうれしそうな表情を見せなかったとします。

そうすると、同じ選手が別の機会にファインプレーをしたとき、今度は他の言葉を使って褒めます。

そこで前回とは違ってうれしそうな表情を見せたなら、そのことをノートにメモしておき、その後は相手にとって最適と思えるコミュニケーションを交わしていくのです。

このように、**各選手の性質、嗜好、タイプを見極めながら褒めることを行っていた**と聞きます。

褒めるツボは十人十色。効果のある褒め言葉は、スタッフによって異なります。褒める達人と言われているような人は、相手の「褒めツボ」をしっかりと理解して、狙いを定めて褒めているのです。

02 上手に褒める7つのコツ

① 具体的に褒める

「素晴らしい」「すごい」「良かった」などの抽象的な言葉だけを使い、漠然と褒めるよりも、**どの部分が褒めるに値するのかを具体的に伝える方が効果的**です。

例えば、「今の接客で見せていた笑顔は最高だったね！」と褒められたならば、今の感じで笑顔をつくればよいことが分かります。

スタッフに何をすれば褒められるのかを理解させると、もう一度、同じことをして褒められようと自発的に行動を起こすようになっていきます。

②他人と比較しない

人はそれぞれ固有のタイプがあります。また、成長の度合い（スピード）も異なります。それなのに、隣同士にいるスタッフを比較して、優劣を付けて片方を褒めたり、けなしたりするというケースをよく見掛けます。

でも、本来するべきは**その人の過去との比較**です。以前と比較してどれくらい成長したのか、変化できたのかを比べることで、スタッフ自身も自分が成長していることに気づくことができます。

③褒める前に観察する

スタッフの粗探しをすることは簡単ですが、褒める部分を見つけることは至難の業です。

しかし、スタッフの日々の行動をじっくりと観察し、言動をよく見聞きすることで、褒める部分を見つけ出すことは可能となります。その際、見つけ出したことを忘れないように、メモを取る習慣をつけることをお勧めします。スタッフを観察することは、褒めることも含めて、マネジメントを行う上での基本です。

④「褒める」と「お世辞」を混同しない

相手をおだててやる気にさせようとして、思ってもいない褒め言葉を並べても、相手にはお世辞だとすぐにバレてしまいます。また、勘の鋭いスタッフなら、何か裏があるのではないかと感じてしまい、逆効果になりかねません。

スタッフのやる気を引き出すためにお世辞を言うことは無意味です。「褒める」と「お世辞」を混同してはいけません。

何より大切なのは、**「心から褒める」**ことです。

⑤ 第三者を通して褒める

経営者やマネージャーから目の前で褒められることもうれしいのですが、例えば、同僚との会話の中で、「そういえば、店長があなたの接客のときの笑顔がとてもステキだと言ってたよ」といった具合に、第三者を通して褒め言葉を聞かされた場合、本人から直接聞かされるよりもうれしく感じるものです。

間接的に褒めることは、相手のモチベーションを上げる上でとても効果的なのです。

⑥ 一途に褒めきる

任せていた仕事の出来栄えに関して褒めていたのに、最後に「この部分はダメなので修正しておくように」と指摘をしたり、「いつも頑張ってくれてありがとう！」というねぎらいメッセージの最後に、「来月はさらなる業績アップを期待しています」などとリクエストを付け加えたりすることはお勧めしません。

そういった追加のメッセージが加わると、せっかく褒められてうれしいと感じていた気持ちも一瞬にして覚めてしまい、「もっと頑張らないといけないんだ」と思い、モチベーションが下がってしまいます。

褒めるときは、「一途に褒めきる」。そして、**指摘やリクエストは機会を改めて行うようにしていくことが望ましい**と言えます。

⑦ 小さな成功を褒める

普段の業務の中で成功体験を積み重ねていくことは、スタッフの成長を促すことにつながります。

ゴールに到達する過程で、小さな成果があった場合、すかさず褒め言葉を投げ掛けます。そうすることで、また頑張ろうという気持ちが芽生えてくるものです。

最終ゴールに向かうまでに、小さなゴール（マイルストーン）を設置し、小さな達成感を常に味わうことができるようにしていくのは、とても大事なことなのです。

03 褒められなければ承認する

承認とは何か？

褒めようと頑張ってはみるものの、どうしても褒めることができないスタッフもいるかもしれません。

その場合は、褒めるという行為を拡大解釈して、もっと手軽に、いつでも誰でもすぐに行える「承認」を行うことをお勧めします。

承認とは相手の存在自体を認めることで、「挨拶」「ねぎらい」などが含まれています。「褒める」ことも承認の中に含まれます。

例えば、朝の出勤時にこちらから「おはよう」と挨拶をする。スタッフが何か報告に来た際には、笑顔で目を見てしっかりと受け答えをする。顔を合わせたときに、こちらから話し掛ける。誕生日にちょっとしたプレゼントを渡す。

これらはすべて承認となります。要は、**「あなたがそこにいることを、私はちゃんと見ていますよ」という旨を、言葉や態度、時にはツールを活用して伝えること**を承認と呼ぶのです。

スタッフがした仕事に対して、その結果が期待値まで達していない場合、褒めることはできません。

でも、「ここまでよく頑張ったね」とねぎらうことはできるでしょう。

そうするとスタッフは、自分がやってきたことが認められたと感じられるので、「次は頑張ろう」と思えます。

また、一日に何回も褒めることは難しいでしょうが、承認であれば、普段の生活の中で何度でも行えます。

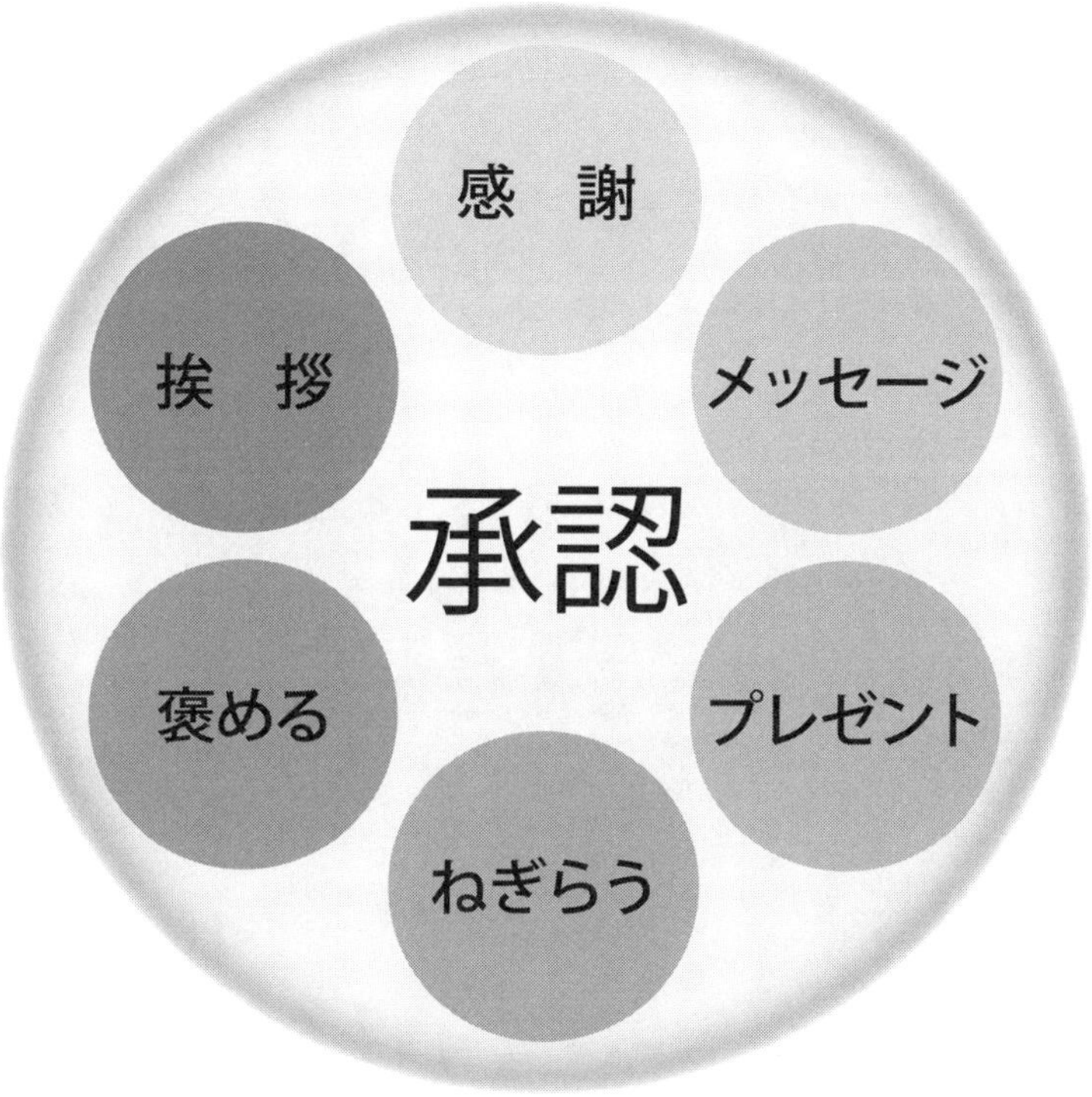
感　謝
挨　拶
メッセージ
承認
褒める
プレゼント
ねぎらう

承認に関しては、褒めるときのように条件がそろわないとできないということもありません。組織の中での上下、先輩、後輩なども関係なく承認することは可能です。

相手に何かうれしいことをしてもらったとか、助けられたときなどに、感謝の言葉を伝えますよね。その感謝のメッセージは、最上級の承認となります。

私が講師を務めるセミナーでは、承認されて自分のやる気が上がった言葉、承認して相手のやる気がアップした言葉を、参加者の方々に発表してもらうコーナーを設けることがあります。

その場では、「あなたがいたから助かった」や「君のおかげだ！」そして、「君の仕事は日本一だ！」などというユニークなものまで、参加者全員からの承認の言葉が多数集まります。

中でも、毎回、最もやる気アップの効果がある「承認の言葉」として挙がるのが、

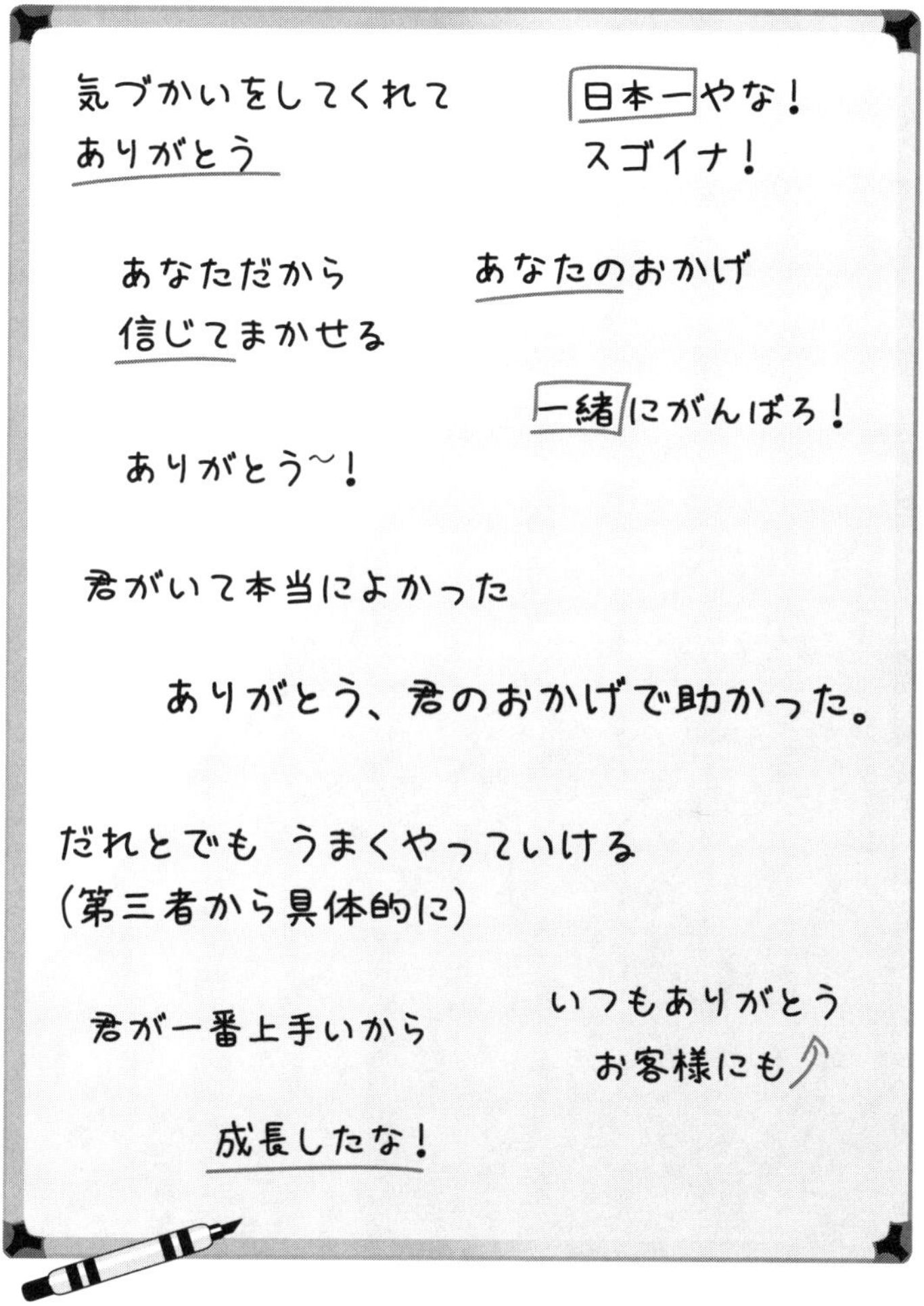
気づかいをしてくれて
ありがとう
日本一やな！
スゴイナ！
あなただから
信じてまかせる
あなたのおかげ
一緒にがんばろ！
ありがとう～！
君がいて本当によかった
ありがとう、君のおかげで助かった。
だれとでも うまくやっていける
（第三者から具体的に）
君が一番上手いから
いつもありがとう
お客様にも
成長したな！

感謝の言葉「ありがとう」なのです。

任せた仕事を終えたという報告を受ける際、その出来栄えがどうであれ、まずは一言「ありがとう」と伝えることで、スタッフは自分が頑張っていたことが認められたという気持ちになります。

そのとき感じた気持ちは、次の仕事に取り組む際の、やる気アップの原動力となるのです。

3方向からの承認　～上司からの承認～

承認することで、スタッフはやる気を出して任せた仕事に取り組むようになります。そのため、職場では常に承認のメッセージが受け取れるような仕掛けをつくっておくことが必要となります。

店の中では、**上司からの承認、同僚からの承認、お客様からの承認という3方向からの承認**を受け取ることができます。

161ページのメッセージカードは、私のコーチングプログラムに参加されている、第2章でも紹介した福岡市博多区の美容室アンドゥドゥが7年前から活用している「ねぎらいの一筆箋」と呼ばれるマネジメントツールです。

毎月、スタッフに対してのねぎらいメッセージを一筆箋に書いて、経営者である林さんが、給料明細とともに自ら手渡していきます。林さんは、このツールを使って、スタッフに承認メッセージを毎月伝えています。

そこに書かれていることは、褒め言葉ではなく、普段、スタッフのことを観察していて感じたこと、気づいたこと、「いいね！」と思ったことなどです。

一般的なサイズの便箋を利用して手紙を書くとなると、書き込む文字数が多い分、時間も労力もかかりますが、2、3行の短文でよいとなれば、それほど気合いを入れずとも書くことができます。

このような取り組みを長く続けていくためには、**できるだけ簡単に行動に移せるようにしておくことがとても大事**なのです。

林さんの店でこのツールを利用して店主から承認のメッセージを伝えるようになってからは、スタッフとの関係が非常に良好になり、やる気もグンとアップし、安心してスタッフに仕事を任せることができるようになりました。

163ページの写真は、私の友人がアルバイト先のレストランの店長さんから、初めての給料日に手渡されたという手紙です。

そこには、彼女が頑張って働いたことへの感謝の気持ちがつづられています。

宮本さんへ
失敗は成功の元。
一度や二度の失敗では
あなたへの信頼は何も変わりません。
林より

久保さんへ
皆があなたに相談するのは
人望が厚い証拠です。
いつもありがとう。
林より

この手紙を初めて受け取ったときに、彼女は店長のことを「良い人だな」と感じると同時に、これからは少しでもこの店の役に立てるよう、今まで以上に頑張って働こうと思ったと言っていました。その後毎月、手紙を受け取っていますが、彼女は心の宝物としてそれらを大切に保管しています。

上司からの承認メッセージを受け取れば、スタッフは自分がやってきたことが認められたと感じ、「次も頑張ろう」と思えるようになるのです。

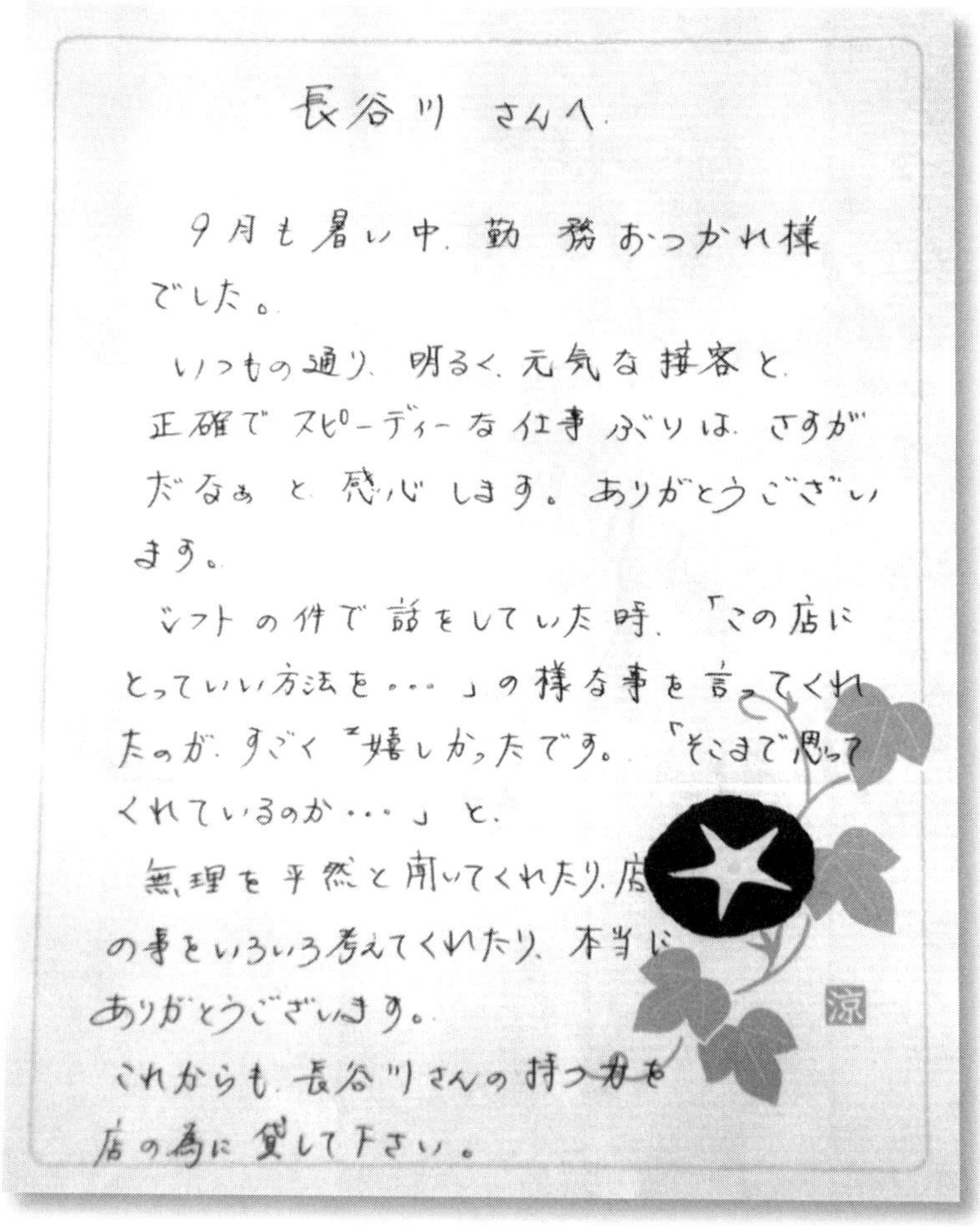

長谷川 さんへ

9月も暑い中、勤務おつかれ様でした。

いつもの通り、明るく、元気な接客と、正確でスピーディーな仕事ぶりは、さすがだなぁと感心します。ありがとうございます。

シフトの件で話をしていた時、「この店にとっていい方法を…」の様な事を言ってくれたのが、すごく嬉しかったです。「そこまで思ってくれているのか…」と。

無理を平然と聞いてくれたり、店の事をいろいろ考えてくれたり、本当にありがとうございます。

これからも、長谷川さんの持つ力を店の為に貸して下さい。

涼

3方向からの承認　〜同僚からの承認〜

「3方向からの承認」のうち、最も効果的なのが同僚からの承認です。同じ職場で毎日顔を合わせて仕事をしている同僚から、職場の中でねぎらってもらったり、褒められたりすることってあまりないですよね。

そういう相手から承認のメッセージを受け取ることができたら、サプライズを感じ、上司や経営者から受け取る場合よりも、うれしく感じることになるのです。

兵庫県芦屋市のティズ鍼灸治療室（辻本考司さん経営）では、同僚のスタッフに対して、「Thank you」と感じたこと、「Good job」と思えたことをお互いにカードに書き込み、事務所に設置しているボックスに投函する取り組みを行っています。

投函されたカードは月に2回、店長がまとめて集計し、該当するスタッフに手渡していきます。また、朝礼などの時間を利用して、受け取ったカードを各自がスタッフの前で読み上げています。

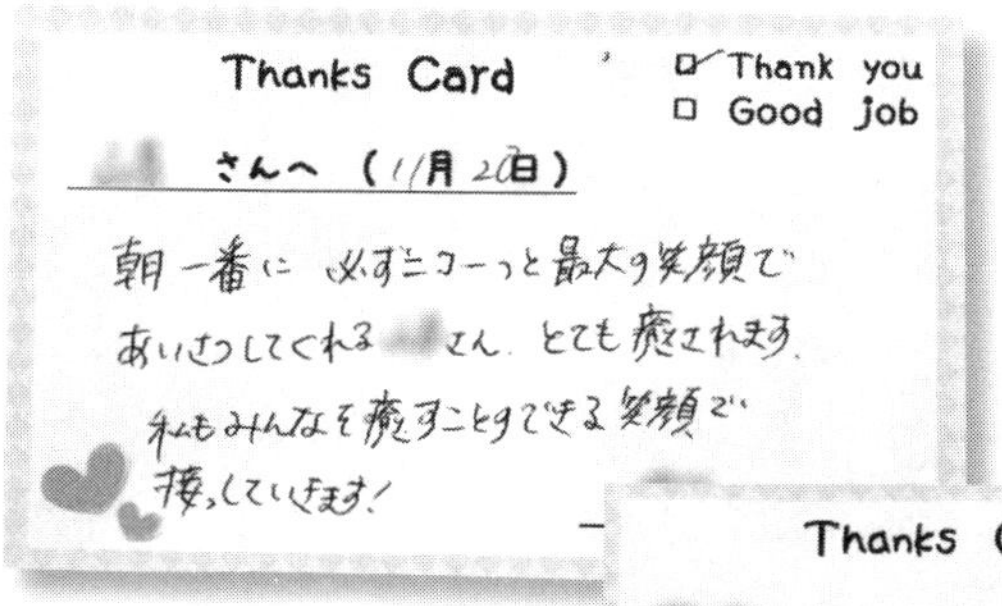
Thanks Card
☑ Thank you
□ Good job

さんへ（11月20日）

朝一番に 必ずニコーっと最大の笑顔で
あいさつしてくれる さん。とても癒されます。
私もみんなを癒すことができる笑顔で
接っしていきます！

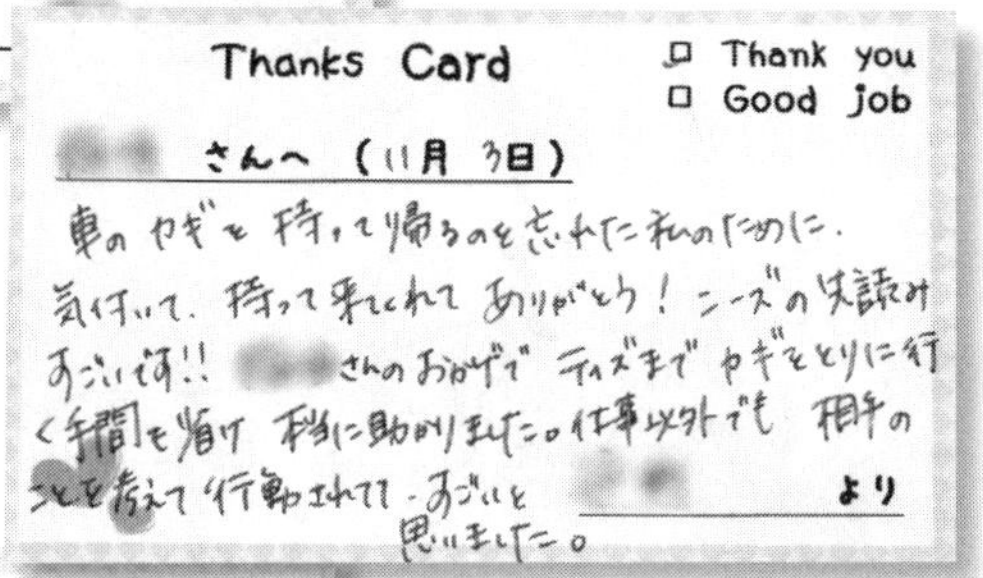
Thanks Card
□ Thank you
□ Good job

さんへ（11月3日）

車のカギを持って帰るのを忘れた私のために、
気付いて、持って来てくれてありがとう！ニーズの先読み
すごいです!! さんのおかげでディズまでカギをとりに行
く手間を省け本当に助かりました。仕事以外でも相手の
ことを考えて行動されてて、すごいなと
思いました。

より

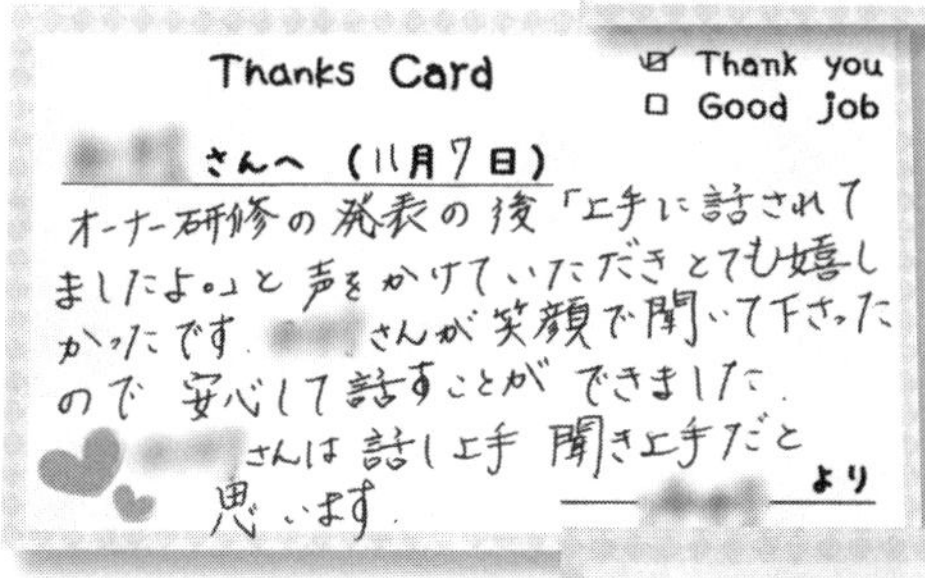
Thanks Card
☑ Thank you
□ Good job

さんへ（11月7日）

オーナー研修の発表の後「上手に話されて
ましたよ。」と声をかけていただきとても嬉し
かったです。 さんが笑顔で聞いて下さった
ので安心して話すことができました。
さんは話し上手 聞き上手だと
思います。

より

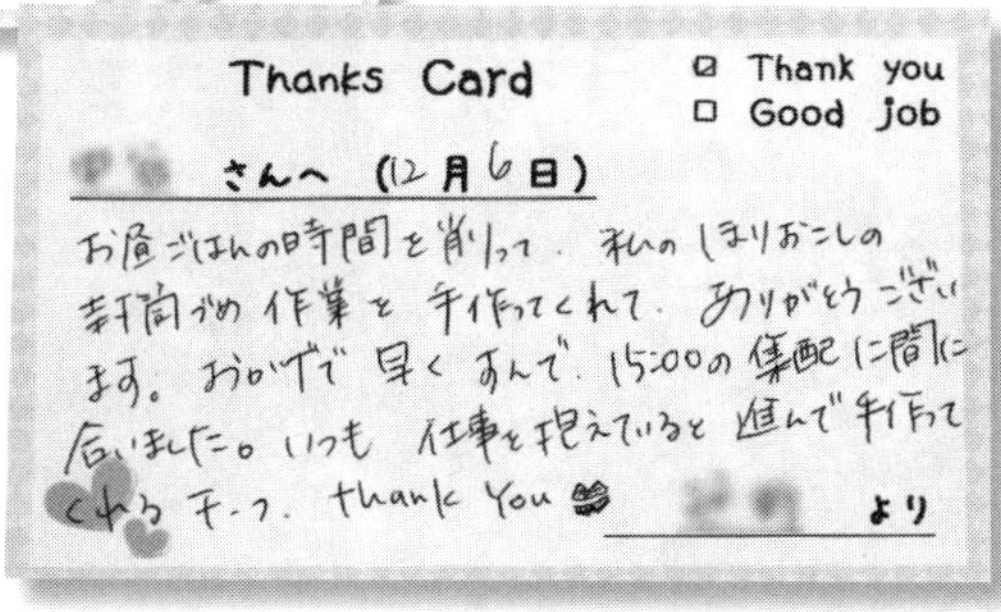
Thanks Card
☑ Thank you
□ Good job

さんへ（12月6日）

お昼ごはんの時間を削って、私のしまりおこしの
封筒づめ作業を手伝ってくれて、ありがとうござい
ます。おかげで早くすんで、15:00の集配に間に
合いました。いつも仕事を抱えていると進んで手伝って
くれるチーフ。thank you

より

この取り組みを始めてからは、承認の輪が職場全体に広がり、今まで以上に仕事へのモチベーションアップにつながっているそうです。

常に身近にいる同僚に対してねぎらいや感謝を伝えることは、何となく気恥ずかしさが出てしまい、面と向かってその気持ちを伝えるのは難しいものです。

でも、ティズ鍼灸治療室さんが使われているようなツールを使えば、それほど抵抗なく、自分の素直な気持ちを相手に伝えることができるのです。

周りから、ねぎらい、そして承認のメッセージを投げ掛けられれば、今度は自分が周りに対して、お礼の気持ちを返したくなるものです。

これを心理学では「返報性の法則」といいます。うまく活用すれば、スタッフ間でお互いにねぎらい、承認をし合うことが継続的に行われるようになります。

結果として、お互いに対して気づかえるようになり、同時に人間関係が良好になります。そうすることで、組織の中に、「承認し合える文化」が根付き、組織の結束力が強化されることになるのです。

3方向からの承認 ～お客様からの承認～

3方向からの承認の3つ目は、お客様からの承認です。

あなたは、いつも利用しているコンビニに対して、感謝の手紙や年賀状などの季節のお便りを届けたことはありますか?

店からは、セールの案内状やキャンペーンのお知らせなどのダイレクトメールが届いたとしても、お客様の方から店の経営者やスタッフに対して、承認のメッセージをつづった手紙を送るというケースは、そう多くはないはずです。

でも、私が経営していたセブン‐イレブンの店では、月に5～10通ほど、お客様からの承認メッセージが書かれている手紙やはがき、Eメールが届いていました。

メッセージが届いた際は、朝礼でスタッフ全員に紹介した後、拡大コピーして事務所に張り出すようにしていました。

時には、スタッフの名前入りでメッセージを書いてくださる方もいて、該当するスタッフにそれを見せたときの喜びはひとしおでした。

これらのメッセージは、年間にすると相当な量となっていましたので、すべてを一冊の冊子にまとめて、年に一度、お正月に「心のお年玉」と名付けてスタッフに手渡していました。

中には、「お年玉はお金の方がいいんだけどな〜」と冗談を言うスタッフもいましたが、その冊子を受け取ったときは、皆うれしそうな顔をし、休憩時間などにニヤニヤしながら眺めている光景をよく見受けました。

しかし、中には、そういったお客様からの喜びや感謝が詰まった承認メッセージを受け取ったことがない店もあるでしょう。

なぜ、私の店がこういったメッセージをたくさん受け取ることができていたのか？

その秘密を公開しましょう。それは、**お客様に定期的に記入していただくアンケートに、ちょっとした仕掛けを施していた**からなのです。

一般に店で行うアンケートといえば、「お気づきの点があればご記入ください」とか、「至らぬ点がございましたら、ご遠慮なくお申し付けください」などと書かれている場合が多いですよね。

ただ、そうなると、店を利用したときに「良い感じのお店だな」と思っていたとしても、それには一切触れず、アンケートに書かれている通りに、店におけるマイナス点をわざわざ探して記入することになるわけです。

ネガティブ要素が詰まったメッセージばかりが、毎月何通も送り付けられてきたとしたら、それを見るスタッフはどんな気持ちになるでしょうか？

正直言って、あまりいい気持ちにはなれませんし、モチベーションも上がりません。

承認のメッセージをお客様から集めたいのであれば、承認のメッセージが欲しいとアンケートに書いておけばいいのです。

具体的に言えば、「スタッフへの応援メッセージをご記入ください」「今日、一番輝いていたと思えるスタッフのことを教えてください」などと書いておけば、スタッフのやる気があふれ出る言葉がどんどん集まってくるのです。

承認のメッセージをお客様から受け取れば、スタッフのやる気はグッと上がるので、今まで以上に、任せた仕事に一生懸命取り組むようになっていきます。

いつも店舗を利用させていただいています。
数あるコンビニの中でも貴店が大好きです。
自分の家から一番近いコンビニが貴店で
よかったです。
最近、アルバイトなどの接客がいいかげんな
店が多く寂しい思いをすることがあるのですが、
貴店の皆さんは笑顔が100点！！
これからもがんばって下さい。

新年　あけまして
おめでとうございます
クリスマスケーキとてもおいしかったです。
紅茶もありがとうございます。ホッとした
ひとときを過ごさせていただきました。
いつもありがとうございます。
岡本オーナー様のセブンイレブン店は
今まで出会ったコンビニエンスの中で一番の
好感度のお店です。
これからも体に気をつけてがんばって下さいね。
また、買い物に伺います！

3 叱り方のルール

01 叱るとモチベーションは下がるのか？

褒めること以上に叱ることを不得意としている経営者、マネージャーは多いようです。これは職場だけに限る話ではありません。学校や家庭においても「叱ることができない」教師、親が多く存在しているのが実情のようです。

職場でも学校、家庭でも、お互いに嫌な気持ちになることなく、心地よい環境で過ごすことができるに越したことはありません。

良好な人間関係を保つために、できれば怒ったり叱ったりしたくないものです。そして、自分自身もスタッフから嫌われることのない状態でいたいと思うのは、普通のことです。

そうかといって、本来きちんと注意をしなければならないスタッフに対して、「こんなことを言ったらモチベーションが下がってしまうのではないか」「これ以上言ったら辞めてしまうのではないか」などと考えてしまい、「これくらいならまあいいか」と見て見ぬふりをする「事なかれ主義」に陥ってしまうと、組織の中でのマネジメントが機能しなくなります。

どんなときもすべてのスタッフに対して、穏やかな気持ちで心優しく笑顔で接し続けることができる人は稀にしかいません。

叱ったときには波風が立ちます。でも、**叱る意味、叱る目的をきちんと伝えれば、スタッフは叱られることを受け入れることができる**ものなのです。

私の息子が所属するサッカーチームのコーチで、いつも怖い顔をして、厳しいことを言い、試合になったら大きな声で指示を出し、まずいプレーをしたならば、容赦なく叱るという鬼コーチがいます。

彼は、もともと学生時代にサッカー部のキャプテンをしていて、チームを自ら常に引っ張ってきたという、根っからの体育会系サッカー大好き人間です。

そんな彼の指導法について、快く思わない父兄も一部にはいたようなのですが、彼の言っていることは、「サッカーがうまくなりたい」「チームをもっと強くしたい」と考えている子供たちにとっては理にかなっており、学べるところがたくさんあります。

あるとき、子供たちにそれとなく、そのコーチについて聞いてみたところ、彼のことを「怖い」とか、「叱るから嫌だ」と思っている子供は、ほとんどいませんでした。

むしろ、そのコーチの指導法をきちんと実践に生かすと試合に勝つことができるので、どちらかと言うと尊敬の対象となっていることが分かりました。

また、普段叱られることの多いコーチから褒められたときは、相当うれしいようで、それがきっかけで大きく伸びる子供も少なくありません。

相手のことを常に気に掛け、声掛けを行うなどして、気を配ることはとても大事です。しかし、好かれようと思うばかりに、顔色をうかがいながら行動することはやるべきではありません。

このコーチのように、叱る意味、叱る目的がきちんと伝われば、叱られることに納得できるので、受け入れることができるのです。結果、モチベーションが下がることはなく、逆に次へのステップアップにつながることが多いのです。

02 上手に叱る7つのコツ

①「叱る」と「怒る」を混同しない

何度言っても同じミスをするスタッフや、ルールを守らないで自分勝手な行動を取るスタッフを目の前にして、怒りの感情があらわになり、怒鳴りつけてしまったという経験をお持ちの方もいらっしゃるのではないでしょうか。

お恥ずかしい話ですが、私もアパレル専門店チェーンの店長時代、自分の感情の赴くまま、頭ごなしにスタッフを怒鳴りつけることがたびたびありました。

しかし、そんなことをいくら続けても、相手に反感を持たれてしまうか萎縮されてしまうだけで、何の改善にもつながりませんでした。

「怒る」とは、自分自身の感情の高ぶりを抑えるために行う行為です。

「叱る」とは、100％相手のことを思って行うもので、その目的は教育、指導、気づきをもたらすことにあります。

スタッフマネジメントを行う際、経営者、マネージャーが行うべきは、もちろん「叱る」です。

②怒りの鎮め方を知る

スタッフがしたことに対して腹を立て、その気持ちのままスタッフを怒鳴りつけてしまうと、相手からも反感をかわれ、お互いにストレスを抱えることになります。

そのとき、優先するべきことは、**自分が怒っているということに気づき、「叱る」モードに切り替えるため、怒りの感情を鎮める**ことです。

腹が立った気持ちのまま相手に何かを言うのではなく、まずは一呼吸置き、できれば立ったままではなく、お互いにいすに腰かけるなどして、心を落ち着かせるようにします。

怒りの感情をむき出しにして罵声を浴びせたとしても、後味が悪いし、良い結果には結び付きません。

③ 叱る対象は「相手の行動」のみ

「何に対して叱っているのか」。叱る対象を明確にすることはとても重要です。

業績の悪いスタッフに対して、「おまえはダメな奴だ!」という言葉を浴びせたら、叱られている方は自分の人格否定をされたと感じ取ってしまいます。今の時代、下手をするとパワーハラスメントとして受け止められかねません。

叱る対象はスタッフ自身ではなく、行動・結果にフォーカスするべきなのです。

④ 叱るのは「1回につき1個」まで

不出来なスタッフを前にすると、いろいろとお小言を言いたくなってしまいます。

でも、叱ったり注意を促したりする際に、あれやこれやと一度にいろいろと伝えてしまうと、相手はメッセージを受け取ることができなくなってしまいます。

叱ることは、1回につき1個までに絞ることが必要です。

また、過去のことにまで遡って叱られると、「何でいまさら……」という思いが芽生えてきます。そうすると、叱られていることを受け入れるのは難しくなります。

叱る際は、目の前で起こったことだけに絞ることが大切です。

⑤ 気まぐれで叱らない

同じことをしているのに、叱られたり叱られなかったりすると、スタッフは混乱してしまいます。

叱るときは、自分の気分に合わせて気まぐれに叱るのではなく、**叱る基準を定めておき、それが日によってブレないようにする**ことが大切です。

例えば、虫の居所が悪いことの腹いせとして、いつも以上にスタッフに厳しく接するということはあってはなりません。

⑥「なぜ」と言わない

任せた仕事がこちらが思っているようにできていなかった場合、「なぜ、こうなったんだ!」「なぜ、できないんだ!」と言って叱り続けると、責められていると感じ、相手は萎縮してしまいます。

萎縮すると、思考も行動も鈍りますので、ますます悪い方向へと流れていきやすくなります。

「WHY(なぜ)」は、詰問を生みやすい疑問詞です。絶対に使ってはいけないわけではありませんが、使う場面、相手を見ながら慎重に使う必要があります。

⑦ 適切な場所で叱る

お客様や他のスタッフのいる前で叱られると、プライドを傷付けられたり、その場に居づらくなってしまうケースがあります。

叱る際は、事務所やバックルームを利用して、1対1になれる環境をつくる配慮を忘れないようにすることが大切です。

逆に褒める場合は、できるだけ多くの人の前で褒めるようにしてあげましょう。皆の前で褒められることで、スタッフの仕事に対するモチベーションはグンと上がります。

「誰から叱られるのか」は大きな問題

例えば、寝坊をして遅刻をしたときに叱られるのは、一般通念的には理解できるので、そのことで叱られること自体は素直に受け入れることができます。

しかし、叱る上司が時間にルーズなタイプだったとしたら話は違ってきます。

「どうしてあんな奴に叱られなければいけないんだ」とか、「自分のことは棚に上げてよく言うよ……」という思いが先に立ち、叱られることに納得がいかなくなります。

「誰から叱られるのか」によって、スタッフの受け止め方は大きく変わります。

スタッフにとって「この人だったら叱られても納得できる」と思われる存在に普段からなっておくことが大切なのです。

そのために大事なことは、叱る前の段階で、普段からしっかりとコミュニケーションを取り、良好な人間関係を築き上げておくことです。

これは叱るだけではなく、褒めることにも共通して言えることです。

信頼関係が築けていないのに、マネジメントのガイドブックに載っているスキルだけを使っても、反感を持たれるだけで相手の心に響くことはありません。

また、叱られると気分が落ち込みますし、人によってはしばらく仕事が手につかない状態になってしまいます。ですから、叱った後はちゃんとフォローの言葉掛けをすることが必要です。

私も以前は、よくスタッフを叱責していました。時には、きつく叱り過ぎて泣かせたこともあります。

そういうときはフォローとして、「あなたに期待しているからこそ叱ったのだ」と伝えるように心掛けていました。もちろん、その言葉は場を収めるための場繕いではなく、本心からの言葉でした。

普段から信頼関係がきちんと築かれていれば、叱った後にフォローをすることで、叱られた方としては、「自分のために叱ってくれたんだ」と思うようになれるのです。

叱った本人がフォローすることが難しい場合は、他のスタッフにフォロー役に回ってもらい、代わりに言葉掛けを行ってもらってもよいでしょう。

叱るだけではなく、その後、スタッフが自分の足でもう一度立ち上がり、前進できる気持ちにさせることは、われわれ経営者、マネージャーの大切な仕事です。

第5章

任せるために欠かせない ミーティングのルール

01 なぜ、ミーティングが大事なのか？

ミーティングの実施はスタッフマネジメントを行う上で必須です。

ただ、必要だと分かっていても「時間がない」「話すネタがない」などの理由で、できていない場合が多いようです。

また、何度かやってはみたけれど活発な意見が出てこなかった、もしくは、雑談の延長で終わってしまい、時間を無駄にしたので、それ以降はやっていないという方も少なくないでしょう。

実際、私のセミナー参加者の方々に、個別・全体に限らずミーティングを定期的に実施しているのかどうかを尋ねると、実施していると答える方は全体の１割にも満たないというケースが大半です。

しかし、スタッフとしっかりと向き合い、コミュニケーションを取るミーティングをやらずして、スタッフマネジメントを行うことは難しいと私は考えます。

また、**特にスタッフのことを理解する機会として、個別ミーティングの実施は不可欠である**と言えます。

ミーティングを定期的に行い、スタッフ自身の考え、抱えている悩みなどを把握することができれば、やる気アップのツボも自然と分かるようになりますし、仕事を任せることもスムーズに行えるようになるのです。

ミーティングで何を話すのか？

例えば、個別ミーティングの場で「何か話したいことはないか」とスタッフに切り出しても、なかなか自分から話をしないというスタッフもいます。

そういうとき、お互いに無言になると場が持たないと思い、経営者、マネージャーの方が一方的にいろいろと話をしてしまい、気がつけば個別独演会になっていた……。

もしかしたら、あなたもそういった経験をされたかもしれません。

私自身もアパレル企業に勤めていた頃は、ミーティングとは名ばかりの上司の独演会に付き合わされ、嫌な思いをしたことが何度もあります。

全体ミーティングの席であれば、話を聞いているふりをしながら別の仕事をするなどもできますが、個別ミーティングですと、スタッフの方は逃げ場がないので悲劇ですよね。話を聞くことよりも、とにかく早く終わらないかと時間ばかり気にしてしまいます。これではミーティングをする意味がありません。

ミーティングとは、本来、双方向で行われるものです。そして、その場ではスタッフが発言できる機会をできるだけ多く与えることが大切です。

経営者、マネージャーが話す割合を「2」、スタッフが話す割合を「8」と意識してミーティングに臨むとちょうど良いでしょう。そうすることで、発言が少なかったスタッフも徐々に自分の意見やアイディアを出すようになっていきます。これは、個別・全体問わず、どんなミーティングにも共通して言えることです。

コミュニケーションの場では、潜在的に自分の話を聞いてほしいと思っている人が多数派です。

自分の話をしっかりと聞いてもらえることで、自分のことを受け止めてもらえたと感じることができ、その結果、安心し、心が落ち着きます。また、話を聞いてくれた相手とは信頼関係が築かれていくことになります。

信頼している相手から任せられた仕事なら、頑張ってそれをこなそうと思うようになります。

ミーティングをうまく行うポイントは、**「その場でこちらが何を話すのか」ではなく、「いかに相手の話を聞くのか」にフォーカスする**こととなります。

1 任せるための個別ミーティング

01 効率良く行うための5つのポイント

① 静かな場所を確保する

スタッフと腰を据えてじっくりとミーティングを行うためには、話すことに集中できる場所の確保が不可欠です。

事務所で行うのも悪くはありませんが、その場合、ミーティングをしている途中にお得意様が来店されたり、営業マンが訪問してきたりと、第三者の突然の来訪でミーティングが中断されることも少なくありません。

そこでお勧めなのが、近隣にある静かなカフェの利用です。店から離れた場所でミーティングを行えば、第三者に邪魔されることなく、会話に集中することができます。

② 携帯電話の電源を切る

ミーティングをしているときに携帯電話が鳴ると、会話が中断されます。

私が以前勤務していた会社で、上司とのミーティング中にたびたび携帯電話が鳴り、その都度電話が終わるまで待たされたという経験があります。そうなると場がしらけ、その後、続けて話をする気持ちは失せてしまいます。

話に集中するためには、ミーティングを行う際、お互いの携帯電話の電源を切っておくことが必要です。

③ 安心できる場だと約束する

何を話してもよいと言われたのに、話した途端に「それは違う！」と怒鳴られた。ここだけの話にしておくと約束したのに、翌日にはスタッフ全員に広まっていた。

これでは、安心してミーティングで話をすることはできません。

私がコーチングを行う際は、対象者と必ず守秘義務契約を結び、コーチングの中で話した内容は許可なく誰にも公言しないと約束します。また、その場では、反論、批評、批判、叱責はしないということも併せて約束します。そうすることで、本音で話せる環境が整います。

スタッフとの個別ミーティングでもこれは同じです。ミーティングの場が安心、安全であることを理解すれば、スタッフは構えることなく、自分の考えていることをすべて話してくれるようになります。

④ 終了時間を決めておく

人が集中して会話できる時間には限りがあります。そのため、1回のミーティングは30分以内と決めて行うのが妥当でしょう。長時間にわたって話をしたからといって、相手の中にある問題がすべて解決できるわけではありません。

個別ミーティングは終了時刻を決めておき、お互いに時間を意識しながら行うことで、短時間で中身の濃いミーティングを行うことが可能となります。

⑤ 不平、不満、愚痴への対応

ミーティングでは、建設的な意見ばかりが出るわけではありません。時には、日頃抱いている不平、不満、愚痴のオンパレードとなるときもあるでしょう。

そういう話ばかりに終始していては、ミーティングがスタッフのストレス発散場所になってしまいます。

そうならないためには、**現状への不満を口にするときは、必ず自分なりの代替案を合わせて伝えなければならないということをルール化しておく**ことが必要です。

マイナスの意見を言っただけでは、何も現状は変わらないということ。また、今の状態をどう変えたいのか。そのためには、何をどう修正すればいいのかをスタッフに考えさせることで、不平、不満、愚痴が減り、改善、提案ができるスタッフへと育っていくのです。

02 実施前に準備する

・「準備シート」を活用する

準備をせずに行き当たりばったりで会話を始めると、とりとめのない世間話や、その場を繕うわべだけの会話に終始することになりかねません。それでは、わざわざ時間とコストを掛けて個別ミーティングを行う価値はありません。また、その場で何を話したらいいのかが分からず、沈黙してしまうスタッフも出てきます。

そうならないためには、**ミーティングを行う数日前から「事前準備シート」を活用して、「何を話したいのか」「何のためにミーティングを行うのか」について考える時間を持つ**ようにします。

事前準備シートでは「前回から今回までの振り返り」「現状報告」「問題点」などを洗い出すことになりますので、自分自身を客観的に見つめることができます。

そうすると、今抱えている課題が浮き彫りになり、ミーティングで扱うテーマがおのずと明確になっていきます。また、当日はシートに沿って進行していくことで、話題がぶれることなく、短時間で集中してミーティングを実施することができます。

・記録ログを残す

スタッフの人数が増えてくると、ミーティングを行った内容の詳細をすべて記憶しておくことは困難になります。そこでお勧めなのが記録ログの活用です。

毎回、事前準備シートの下段の記入欄を使って、話したことを簡単にまとめてログとして残しておき、ミーティング実施前に前回分を見返します。

そうすると、「何を話していたのか」「どんな課題を抱えているのか」の再確認が容易となるので、ミーティングをスムーズに進めていくことができます。

個別ミーティング事前準備シート

事前に自分自身の現在地を明確にしておくことで、より充実したミーティングを実施することができます。各項目をできるだけ具体的に記入しましょう。

名前　　　　　　　　　　記入日　　　年　　月　　日

● 前回から今回までに起こしたアクション

● そのアクションで得られた成果

● 今、気掛かりになっていること（問題点など）

● 今回のミーティングで話したいこと

【ミーティング実施メモ】　　実施日　　　年　　月　　日

（ミーティング実施後すぐに記入しましょう）

● ミーティングで話したこと

● ミーティングで決まったこと

次回実施日　　　年　　月　　日　（最優先の予定です！ 他の業務は入れないようにしましょう）

・次回の日程を決める

個別ミーティングは定期的に継続して行うことが必要です。

そのため、ミーティングの終了時に次回実施の日程を決めておき、お互いに他の用事を入れないように心掛けます。「時間ができたらやる」「手が空いたらする」では、いつまでたってもミーティングを行うことはできません。

中身が濃く、充実した個別ミーティングを実施するには、スタッフ自身の準備も必要ですが、われわれ経営者、マネージャー側の準備も大切です。

03 信頼される聴き方

個別ミーティングの中でスタッフの話をしっかりと聴くことは、とても大切です。

その際のポイントは以下の3つです。

① 心から聴く

個別ミーティングでは、スタッフの話を単に「聞く」ではなく、心から「聴く」を意識します。

心から聴くために、まずやらなければいけないことは、体全体を「聴くモード」に切り替えていくことです。

例えば、締め切り間近の書類をパソコンで作っているときにスタッフから話し掛けられたら……あなたは、どんな態度で相手の話に受け答えしていますか？

この場合、顔や体はパソコンのモニターに向いていて、耳だけを相手に向けているという姿勢を取る方が多いのではないでしょうか。これでは、話をしている方としては、ちゃんと聴いてもらえたという気持ちにはなりません。

個別ミーティングでは、「あなたの話をちゃんと聴きますよ」という意思が、態度、姿勢、表情から伝わるようにすることはとても大切なのです。

② 相づちを打つ

聴き上手な人は、相手の話をよく聴き、句読点や話の変わり目を意識して絶妙なタイミングで相づちを打ちます。その際、よく使う相づちは「ふんふん」「そうですね」「なるほど」「それから」の4つです。

特に、「それから」は、「あなたの話に興味があるよ、もっと続きを聴かせて」というニュアンスを持っていますので、とても効果的な相づちだと言えます。

逆に、使う際に注意しなければならないのは、「はい」と「分かる」です。

これらは、例えば1回だけ「はい」と使う場合に限ると、とても良い印象を与えるのですが、繰り返して使ったり、「は～い」や「分かる～」というように変に語尾を伸ばしたりすると、軽く受け取られてしまいます。

また、「はい、はい」と2回続けると、言い方によっては、面倒くさそうにも聞こえます。「分かる、分かる！」も連発されると、「本当に分かっているの？」という疑問を持たれてしまう場合もありますので、慎重に使うことが必要です。

そのため、私はこの2つの相づちのことを、「悪魔の相づち」と呼び、使う際には慎重にとお伝えしています。

③ 相手の話を遮らない

人が話している途中で割り込んできて、そのまま、その場を乗っ取ってしまう人は結構多いようです。

人は相手の話を聞きながら、次に自分が話すことを考えているので、話したいという欲求が強くなると、思わず相手の話を遮って、自分のことを切り出してしまいます。

でも、そうなると、話を途中で乗っ取られた方としては未完了感が残り、その後は会話を続けようとは思わなくなります。

そのため、**個別ミーティングの席では、スタッフがひとしきり話し終わるまでは、聴き役に徹する**ことが大切なのです。

ただ、そうは言っても、途中で自分のアイディアやどうしても話しておきたいことが浮かんでくるときがあります。

その際は、ひとまずは近くにあるメモに箇条書きでよいので書き出します。

そうすることで、アウトプットしたいというニーズがいったんは満たされますので、再度話を聞くことに集中することができます。

また、メモに書いておけば、思いついたことを忘れずに後で伝えることもできます。

04 適切な質問の投げ掛け方

現場で仕事をするスタッフの視野は意外と狭いものです。

多くの場合、自分が任せられた仕事をこなしていく際、実際にはより効率の良い方法があったとしても、今までのやり方を唯一の正しい方法だと考え、やり方を変えようとはしないものです。

そういうときに、個別ミーティングで「他にはどんな方法がありますか」といったような視野を広げる質問を投げ掛けることで、新しいやり方が他にもあることに気づけるようになり、さらには普段の行動が大きく変化することにもなります。

質問するときのポイントは以下の3つです。

①答えを用意しない

スタッフへ質問をする際は、相手が答えを考えることが原則です。

こちらがあらかじめ質問に対する答えを準備してはいけません。そうなると誘導尋問になってしまい、スタッフの真意を聞き出すことはできなくなります。また、準備していた答えを押し付けることにもなりかねません。

個別ミーティングでの質問は、相手に気づきをもたらすこと、相手の行動を促進させることを目的に行うのが大前提です。

②なぜ？を連発しない

「なぜできないのか？」「なぜやらないのか？」「なぜ間違えたのか？」

こう言われると、胸にグサッ！っときませんか？

1対1の個別ミーティングの場で「なぜ?」を連発されてしまうと、スタッフは逃げ場を失い、気持ちが萎縮し、モチベーションはダウンしてしまいます。

「なぜ?」を使った質問は、自分では変えることができない過去の出来事にフォーカスすることになるので、そこを突かれてしまうと反論のしようもなく、次の行動も取りづらくなります。

そのため、できるだけ「なぜ」ではなく、英語の疑問詞でいうところの「How」(どうすれば?)を使った質問を投げ掛けるようにしていきましょう。

Why(なぜ?)は過去を責める詰問になりやすい疑問詞で、Howは未来を創り出す疑問詞と覚えておくと便利です。

③ 沈黙を大切にする

質問をした後、相手が黙ってしまい沈黙の時間がしばらく続くと、質問を投げ掛けた方としては、「質問が悪かったのかな?」とか、「質問を変えた方がよいのでは?」などと考えてしまい、その静けさに耐え切れず他の話を始めてしまいます。

ただ、質問をされた方としては、黙っている時間は質問の答えを探している場合が多く、そこで他の質問をされたり別の話題に移ったりすると、せっかく考えていた答えを言う機会を失ってしまうことになりかねません。

沈黙は無駄な時間ではなく、相手が思考を巡らせている貴重な時間と捉えましょう。

2 任せるための全体ミーティング

リーダーが現場のスタッフに対してトップダウンで任せる仕事を割り振り、指示命令を出しているだけでは、スタッフはやらされ感を持って言われたことをこなすだけになってしまいます。

そうかと言って、何かにつけてスタッフの意見を聞き取り、全員のコンセンサスを取りながら、いわゆるボトムアップ型でマネジメントを行うとなると、前に進むための推進力が弱まります。

そうなると、本来は小回りが利くことがメリットであるはずの小規模組織の良さが生かせません。

多くのリーダーは「じゃあ、どうすればいいんだ?」と悩みます。

そこでお勧めなのが、**スタッフ全員を集めて行う全体会議の場で、意思決定に参加させる機会を持つ**ことです。

全体会議を行う際には、店の方針や決定事項を伝えることも多いかと思いますが、その際に、いきなり最終決定を伝えるのではなく、決定する前の段階で、スタッフ全員の前で自分の考え(草案)を伝え、それについての意見をスタッフに求める場を設けるのです。

ただ、せっかくそういう場を設けたとしても、会議の席で発言をするのは一部のスタッフに限られ、他のスタッフは黙って聞いているだけというケースも多いでしょう。

以前勤務していた会社の会議でもそういった光景はよく見掛けましたし、私が講師を務める研修会でも、参加者に意見を求めた場合に大勢の前で発言できる人は、全体の1割もいません。

それは、「間違った意見を言うと、皆にばかにされるんじゃないか」とか、「言ったことが否定されるんじゃないか」と思うことにより、発言をすることに対して心のブレーキがかかってしまうことが原因となっているのです。

これでは一部の人の意見しか反映されませんので、新しいアイディアが生まれたり、皆の意見を集めたりすることはできません。

そのため、私の研修会では、参加者からの意見を募る場合、一人一人発言させるのではなく、まずは3〜5人程度でグループを作ってもらい、そこで話し合う場を設けます。その上で、グループごとに意見を出してもらうようにしています。

1つのグループをあまり多くの人数で構成することになると、各自の当事者意識が薄れるので意見が活発に出てきません。これは私の経験から言えることですが、**5人までのグループだと意見が出やすく、活発に議論がなされる場合が多い**ようです。

全体会議の中でスタッフから意見を募る際も、同様に少人数のグループに分け、そこで出てきた意見を吸い上げるようにしていくことが必要です。

ただ、最終結論に関しては、スタッフから出てきた意見を鵜呑みにしてすべてを取り入れる必要はありません。**最終的な決定権は、経営者、マネージャーが持っておくべき**なのです。

このように、決定前の案件に対して、スタッフの意見を聞き出した後で決定事項を伝えていけば、スタッフがトップダウンで一方的に仕事を押し付けられたと感じることはなくなります。

3 任せるための朝・夕・終礼

あなたの職場では、ショートミーティングを毎日実施していますか？

ショートミーティングで最もポピュラーなのは朝礼です。朝礼を行うことで、その日1日、各自が何を優先し、任されている仕事にどう取り組んでいくのかを明確にすることができます。

朝礼以外にも、1日の中でごく短い時間を利用してショートミーティングを行い、スタッフとコミュニケーションを綿密に取っていくことで、仕事をしっかりと任せられるようになります。

ここでは、ショートミーティング（朝・夕・終礼）を活用してスタッフのやる気を上げる方法についてご紹介していきたいと思います。

・スタッフが一人でも朝礼を行う

朝礼は全員がそろわないとできないわけではありません。

私がかつて経営していたセブン‐イレブンのFC店は、年中無休、24時間営業でしたので、1日の中で全スタッフが一堂にそろう機会は皆無でした。

そのため、朝礼はスタッフが出勤するタイミングに合わせて1日数回、個別に行っていました。**スタッフの気持ちを仕事モードに切り替えるためにも、たとえスタッフが一人であったとしても朝礼の実施は必須です。**

朝礼の場では、スタッフが容易に発言できるよう促したり、考える機会を与えたりすることが大切です。そうすることで朝礼の主役がスタッフとなるので、積極的にその場へ参加するようになっていきます。

・「他社の素敵な話」より「自社の現場の話」をする

朝礼の場で何を話したらよいのか分からない、という方が多くいらっしゃいます。中には、書店で見つけた朝礼ネタが書いてある本に載っている話を順番にしたところ、ネタが切れた段階で話すことがなくなり、朝礼をやめてしまった方もいます。

朝礼で気の利いた話や感動話をする必要はありません。

それよりも、**自社で起こった素敵な話、例えば「Aさんがお客様に褒められていた」「BさんがCさんのことをしっかりサポートできていた」といったような現場で起こったエピソード**の方が心には響きます。

また、何よりその場で取り上げられたスタッフのやる気が上がります。

・終業2時間前に夕礼を行う

終業時間の2時間ほど前に、その場にいるスタッフを集めて、5分程度でよいので夕礼を行います。

その場では、各自にどれくらい残務があるのかを聞き出し、残務が多く残っているスタッフがいた場合は、抱えている仕事の一部を手の空いているスタッフに任せていくなどして、調整を行います。

これにより、無駄な残業をせずとも、全員が閉店後、早い時間に退店することができるようになります。

また、夕礼を行う際に、その日の売上予算の達成率を確認して、あとどれくらい頑張る必要があるのかも明確にしていきます。

そうすることで、自分たちに任せられた仕事を達成させるモチベーションを、営業終了の時間まで持続することが可能となります。

・終礼はノートを使ってもできる

スタッフが退勤する際に、経営者やマネージャーが接客などで手が離せない場合、終礼はおろか、「お疲れ様」などのねぎらいの言葉を掛けることもできないときもあるでしょう。

大阪府三島郡島本町の「癒しサロン せんな」（山川聡さん経営）では、スタッフが退勤する時間に店主の山川さんが施術をしていることが多く、そこでのコミュニケーション不足を補うために「終礼ノート」を活用しています。

終礼ノートには、その日に取り組んだ仕事のこと、それによって収穫できたこと、仕事をしていく中で気づいたことを簡単に記入してもらっています。

この終礼ノートを活用するようになってからは、スタッフの仕事の進捗状況や何を考えて仕事に取り組んでいるのかが分かるようになってきたとのことです。

それに加えて、スタッフが自分の仕事についての振り返りをすることができるようになったので、今まで気づけなかったようなことまで、自ら気づくようになってきたともお聞きしています。

こういったノートや報告書を活用する際は、スタッフに書かせっ放しにはせずに、少しでもいいので、リアクションをすることがとても大事です。

書いていることに対して何の反応もなければ、読んでもらえているのかどうかが分からなくなるため、徐々に記入するモチベーションが下がってしまいます。

山川さんの終礼ノートには、「Good!」「いいね!」「すばらしい!」などといった短いコメントが載っています。ショートメッセージでもよいので、リアクションがあれば、スタッフは「ちゃんと読んでくれている」と感じることができるのです。

フェイスブックをやっている人であれば、「いいね!」ボタンが押されるだけでもうれしく、短くてもコメントの書き込みがあれば、とてもうれしい気持ちになったことがあると思います。こうしたツールを活用したコミュニケーションを行う際、書き手は読み手からのリアクションを望んでいるのです。

終礼ノート　スタッフの記入例

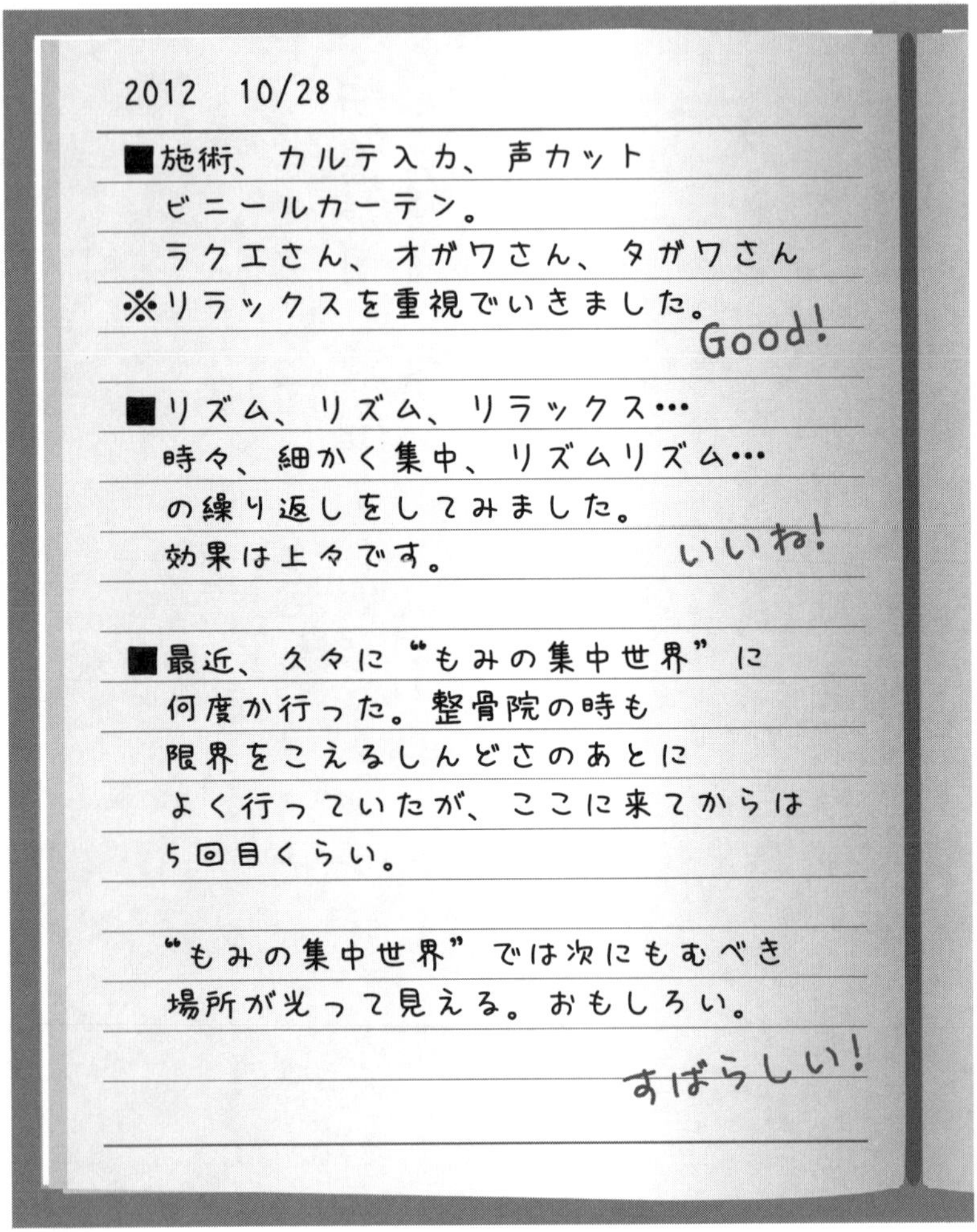

2012　10/28

■施術、カルテ入力、声カット
ビニールカーテン。
ラクエさん、オガワさん、タガワさん
※リラックスを重視でいきました。

Good!

■リズム、リズム、リラックス…
時々、細かく集中、リズムリズム…
の繰り返しをしてみました。
効果は上々です。

いいね!

■最近、久々に"もみの集中世界"に
何度か行った。整骨院の時も
限界をこえるしんどさのあとに
よく行っていたが、ここに来てからは
5回目くらい。

"もみの集中世界"では次にもむべき
場所が光って見える。おもしろい。

すばらしい!

終礼ノート

今日もお疲れ様でした。
退勤前に以下の3つの項目について書いてください。

■ 今日取り組んだ仕事は何ですか？

■ 収穫できたことは何ですか？

■ 気づいたこと（発見）は何ですか？
あれば書いてください。

地域一番店が行うミーティング
～美容室アンドゥドゥ～

不況知らずで、好業績を維持し続ける福岡市博多区の美容室アンドゥドゥ（林宏貴さん経営）では、毎日行われる個別ミーティングと週1回行われる全体ミーティングを、店のすべての業務の中で最優先として位置づけています。

毎朝、特に朝礼後に行われる個別ミーティングでは、スタッフは自分の順番が回って来るのを心待ちにしており、終わった後はやる気がチャージされた状態になり、皆が任されている仕事にイキイキと取り組むようになるそうです。

林さんの店では、今でこそ、ミーティングの重要性を全員が理解し、欠かすことなく日々、継続することができていますが、開業当初はミーティングを行うこともほとんどなく、どちらかと言えばトップダウンの指示命令型マネジメントを行っていたとお聞きしています。

それでも、数年間は業績も好調で、地域では有数の優良店として取引先からも一目置かれる存在になっていました。ただ、その後は徐々に売上の伸び率が鈍化していくことになり、今のままのやり方では成長し続けることに限界を感じ、マネジメントの方法を大きくシフトチェンジすることになったのです。

大きく変えたことは1つ。

社長の林さんがスタッフとコミュニケーションを取っていく際の関わり方です。

今までは、林さんの考えていることを「伝える」「話す」そして「激励する」ことが中心であったのを、相手の話を「聴く」、相手に「考えさせる」、相手に「決めさせる」というスタンスに切り替えました。個別ミーティング、全体ミーティング、双方において、このスタンスは徹底されています。

一人のスタッフに対して、月2回、30分程度の時間を使って行う個別ミーティングでは、仕事だけの話に終わらずに、プライベートの話もテーマとして取り上げます。

林さんとしては、プライベートと仕事は密接に関係しているので、個人の生活の中での問題を解決することが仕事へのモチベーションアップに効果的だと判断したときには、そちらの解決を優先しています。

また、それぞれのミーティングの場ではすべての問題を解決しなくてもよいと捉えています。すぐに答えが出るような小さなテーマであれば、ミーティングの中で解決できることもあるのでしょうが、そうではない場合は、そもそも30分という限られた時間の中で答えが出てくることの方が稀です。

そのため、林さんはミーティングを**「答えを見つけるためのヒントを手に入れる場」「解決する方法を探すきっかけづくりの場」**として捉えています。

このような個別ミーティングを継続していくことで、結果として、スタッフの仕事への取り組み方も180度変わることになりました。与えられた仕事をこなすというスタンスから、任せられた仕事をより効率良く、より効果が出るように、自分で考え、自主的に動き、成果が挙がる状態に変えようと努力するようになっていきました。

具体的には、店内のＰＯＰの製作、店頭看板の書き換え、新規キャンペーンの発案や売り方の考案などです。直近でも、若手スタッフからの発案により、今まで取り組んだことのない新規分野へのチャレンジも始まりました。

林さんは、**組織のリーダーとしての大きな役割は「スタッフに考える機会を与えること」**と言います。

それをミーティングの中で実践していくことで、どんな状況下でも成長できる強い組織をつくり出すことができているのです。

第6章

どうしても任せられない人への対処法

01 いつから「任せられない人」になったのか

やる気が落ちたスタッフに仕事を任せることはできません。自分から意欲を持って仕事に取り組まなければ、こちらが思っているような成果を挙げることはできませんし、惰性で仕事をする状況になると、ミスやエラーの発生率が上がり、トラブルの元になってしまうからです。

ただ、現状においてやる気を感じないスタッフでも、入社したての頃はやる気あふれる人材であった場合がほとんどです。それが、知らず知らずの間にやる気を失っていくことになり、「任せられない人」になってしまった。そこには必ず原因があるはずです。

スタッフをマネジメントする側としては、そのルーツとなることを探し出し、仕事をしっかりと任せられる人に生まれ変われるよう導いていくことが必要となります。

そこで、まず初めに彼、彼女たちが「もともとはどんなタイプのスタッフだったのか」「今のような状態になったのはいつ頃からなのか」について、思い起こしてみることが必要です。そして、これまで自分がそのスタッフに対してどのような関わり方をしてきたのかについて振り返ります。

実は、**任せることができないスタッフが生まれるのは、経営者、マネージャーとのコミュニケーションが希薄化し、信頼関係が崩れてしまったことが原因である場合が多い**のです。

スタッフが悩んでいるとき、誰にも相談できなければ、一人不安な気持ちになり、店の中で孤独感を味わうことになります。それが続くとやる気も低下してしまいます。

そのため、経営者、マネージャーが自ら、歩み寄り、語り掛け、スタッフとの間の信頼関係を再構築していくことが急務となるのです。

その際、日々の行動に関心を寄せて観察を行い、そこで気づいたこと、見えていること、感じたことについてフィードバックしていきます。
ただ、こういったタイプのスタッフは、最初は硬い殻をかぶった状態でいるので、なかなか心の扉を開いてはくれません。それでも根気よくアプローチしていくことで、少しずつこちらに気持ちを傾けてくれるようになっていくのです。

コミュニケーションの取り方として、まとまった時間をつくり、じっくりと話をすることも必要ですが、それに加えて、1日5分でよいので、そのスタッフに対して関わる機会を持つことで、心の距離は狭まります。

そうすることで、早期に信頼関係を築き直すことができるようになります。そして徐々にですが、スタッフのやる気もアップしていくことになるのです。

こういったことは地道で骨が折れる作業なので、後回しになりがちです。そうすると、いつまでもそのスタッフに仕事を任せることはできませんし、最悪のケースでは退職へとつながってしまいます。

しかし、目の前にいる問題となっているスタッフのことを、見て見ないふりをしてやり過ごしてしまうと、そのスタッフがいなくなったとしても、不思議なもので、また同じようなタイプが現れ、同じ状況に陥ることになるケースが多いのです。

そのため、ここは踏ん張って課題を克服するつもりで対処していくことをお勧めします。

02 「70点でもOK」と視点を変えてみる

スタッフに仕事を任せられない場合、「任せて良し」と判断するときの合格点が高過ぎるのかもしれません。

スタッフに対して自分にとっての100点満点を求めてしまうと、仕事を任せることがなかなかできなくなります。特に、経営者、マネージャーが第一線で活躍するプレーヤーとして優秀であればあるほど、その点数は高くなり、人に任せるよりも自分でやった方がよいと考えて、任せることができなくなってしまいます。

私としては、スタッフには「経営者の理想とする状態の70点が取れれば合格」とすることをお勧めしています。

もちろん、スタッフに満点を求めることが無理だと言いたいのではありません。実際、現場には満点が取れるスタッフも存在しています。そうではなく、**スタッフが70点レベルであったとしても、お客様に満足していただくことは十分可能**だということをお伝えしたいのです。

私が言うところの70点とは、店で決められていることをある程度そつなくこなすことができるレベルです。そういうスタッフは、われわれから見るとまだまだ未熟なことが多く、どうしても不足している30点の部分に目がいきがちになります。

しかし、実はお客様にとってそこは大きな問題ではなく、それどころか70点レベルのスタッフでも、お客様の心をしっかりとつかみ、ファンを獲得しているケースは多々あります。

実際、アパレル専門店チェーンに勤務していた頃に、総合点では満点は付けられないけれど、売上は店内ナンバーワンという女性スタッフがいました。なぜ彼女の成績が良かったのか？　それは、不足分の30点を本人の個性、独自のやり方で補うことができていたので、お客様にとっては１００点満点となっていたからなのです。

また、店内のチームづくりという点においても、構成メンバーの中に、常に満点が取れるようなスーパープレーヤーは特に必要なく、それよりも全員が70点を取れるスタッフがそろうチームを目指すことをお勧めします。

例えば、野球で言えば、1番から9番までのバッターが全員シングルヒットを連続して打ったとしたら、打順が一巡した段階で得点は6点入ります。でも、チームの4番打者だけがホームランを打ち、他の選手が一本もヒットを打てなければ、打順が一巡した際の得点は1点のみとなります。この差は大きいですよね。

実際、アメリカの大リーグで、数々の球界記録を塗り替えてきたイチロー選手が以前在籍していたシアトル・マリナーズの成績はぱっとしませんでした。

チームに一人、スーパーマンがいることよりも、メンバー一人一人のレベルを70点にしていく方が強いチームはつくれるのです。

この発想で店のマネジメントを行えば、任せることができるチーム、そして任せることができる人材をつくることは、それほど難しいことではないのです。

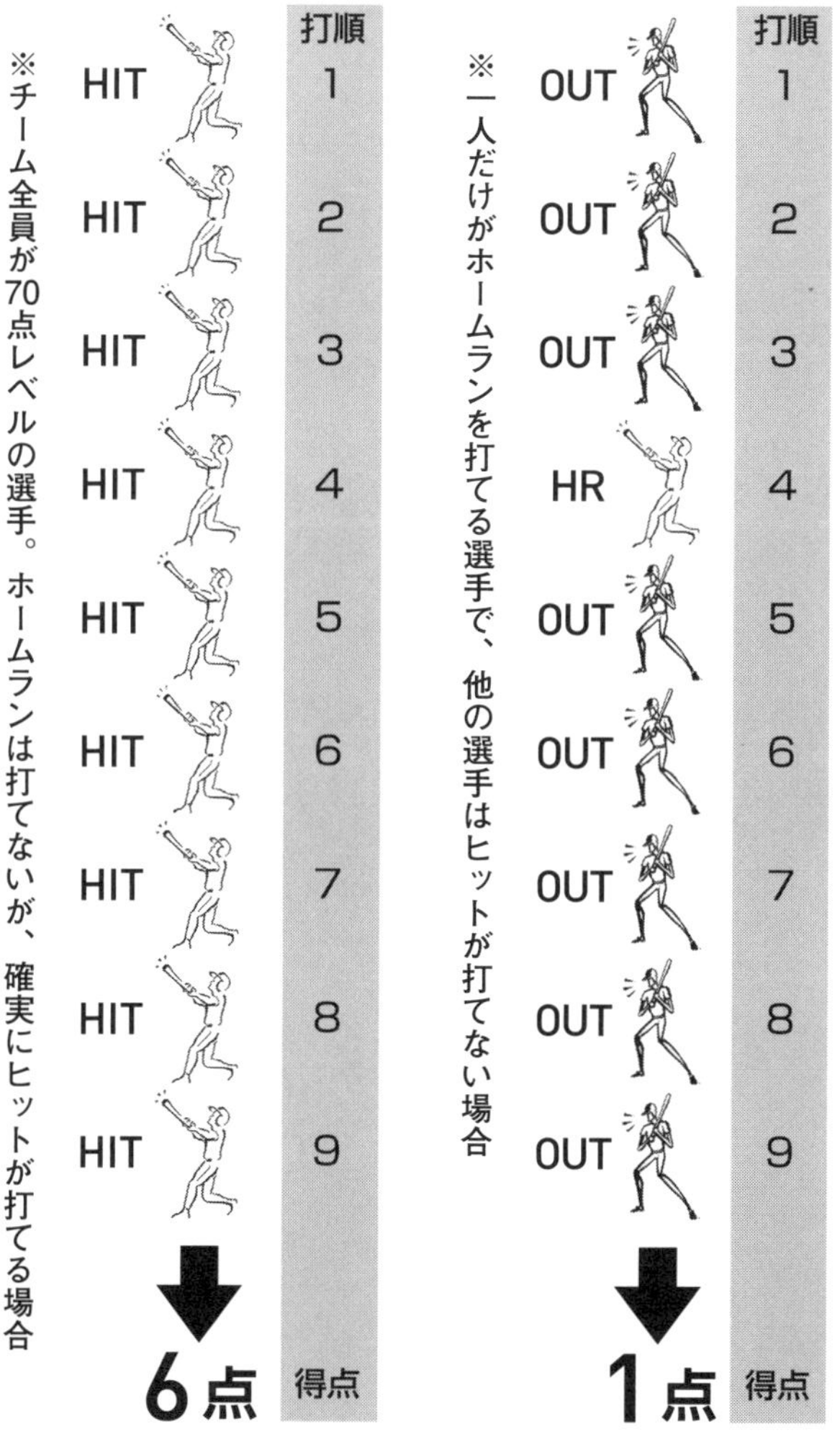
打順
1 OUT
2 OUT
3 OUT
4 HR
5 OUT
6 OUT
7 OUT
8 OUT
9 OUT
得点
1点
※一人だけがホームランを打てる選手で、他の選手はヒットが打てない場合
打順
1 HIT
2 HIT
3 HIT
4 HIT
5 HIT
6 HIT
7 HIT
8 HIT
9 HIT
得点
6点
※チーム全員が70点レベルの選手。ホームランは打てないが、確実にヒットが打てる場合

03「任せられない」と決めた後の対処法

さまざまな手を尽くし、時間をかけてなんとか任せられる人材に育てようと試みても、相手にその気がない、もしくは仕事がその人の適性に合わないという場合は、最終的な判断として、「任せられない」と決めることもリーダーの大切な仕事の一つです。

そこでの判断が正しくできずに、スタッフの意思を無視して無理やり仕事を任せようとしたとしても、それは双方にとって有益なこととは思えません。

また、終身雇用制を採用している場合は別として、一人のスタッフが何十年も同じ店で働き続けるケースはそれほど多くはありません。

パート・アルバイトに限らず正社員であったとしても、勤める期間は3年がめどであることを前提に雇用する方が無難だと言えます。

こう言うとドライに感じる方もいるかとは思いますが、3年たてばスタッフの置かれている環境も変わります。

もちろん、店の状況が大きく変化しているケースもあるでしょう。そうなった場合、初めは長期で勤めようと思っていたとしても、その思いが途中で変わることは十分考えられます。

そうかと言って、「3年しか勤めないのなら、力を入れて育てる価値なし」と考えるのは早計です。在籍している間は、やはり全力を投じて人材育成をしていく必要がありますし、スタッフの方もそれを臨んでいる場合が多いでしょう。

ただ、やる気が低下して働く意欲が著しく落ちてしまっているスタッフで、改善の見込みがないと判断した場合は、これから先、同じ思いを持ち、同じゴールを目指して共に歩んでいくのかどうかの判断をスタッフ本人にさせることも、時には必要です。

もちろん、スタッフの首の挿げ替えをバンバン行うようなことはやるべきではありませんが、進むべき方向が異なる場合や、価値観が大きくズレてしまった場合、一緒に前進していくという本人の意思が完全に喪失してしまった場合は、第三者がどんなアプローチをしたとしても、彼、彼女たちのやる気の炎をもう一度点火させることは困難です。

こちらがやるべきことをやり尽くし、スタッフ自身がどう思っているのかをじっくりと聞いた後で「任せられない」と判断した場合は、例えば一つの方法として「別々の道を選ぶこと」を促すのも選択肢として持っておきましょう。

たとえその場では異なる道を選ぶことになってしまったとしても、すべてをやり尽くした後の判断であれば、その後に振り返ったときに悔いが残ることはないはずです。

第7章

任せることができるリーダーになるために

01 自ら考動させる

仕事を任せる際、経営者、マネージャーが常にあれやこれやと細かく指示を出していくと、スタッフは自分で考動（考え・動く）しなくなります。

接客をする中では、販売マニュアルに書かれていることだけではなく、イレギュラーなことも多々起こります。

そういったことが起こるたびに、どう対処するべきかの指示を上長に仰ぎに来る、もしくは、指示されるのを待っているとなると、必要なときにタイムリーな対応ができずに、絶好のチャンスを逃す、もしくは手遅れになってしまう場合もあります。

実際、接客中のスタッフに対し、その場で細かく指示を出すことはできませんし、お客様に接していく中では、その場で得た情報を基に自分で考えて、臨機応変に対応していくことが必要になります。

これは、サッカー日本代表の元監督である岡田武史氏が当時実践していたことです。サッカーの試合は、いったん始まってしまうと、ベンチからの指示をピッチに立つ選手に届けることがなかなかできません。

サッカースタジアムに行ったことがある方はお分かりかと思いますが、試合中は選手が大きいグラウンド内を目まぐるしく走り回ります。

また、Jリーグの人気チームや、日本代表クラスの試合となれば、何万人もの観衆がスタジアムに集まり歓声を上げますので、その声にかき消されてしまい、指示をしたくてもベンチからの声は選手まで届きません。

そこで、岡田監督は選手たちを試合の前に集めてミーティングを開き、自分たちの過去の試合のビデオを見る機会をしばしばつくり、ビデオを見ながら、あらかじめ決められていること以外の動きをしている選手のプレーに対して、「今のはＯＫ」「この動きはいいね！」と伝えていくのだそうです。

そうすることで選手たちは、ビデオに対しての監督のコメントを通して、試合でイレギュラーな対応を迫られたときにどういうプレーをすればよいのかを自分で判断できるようになったとのことでした。

サッカーの試合で、自分で判断ができずにベンチからの指示を待っているようでは、相手にボールを奪われてしまいます。そのため、選手らが自分で考えて判断し、行動することが求められます。これはサッカー選手に限った話ではなく、店のマネジメントの現場にも通じる話です。

自分で考動するスタッフを生み出すためには、リーダーが常にあれやこれやと指示を出すのではなく、**自分で考え動くことができるための環境を整えることが大切**です。

そのためには、まずは基礎教育が十分になされていないスタッフに対してはトレーニングをきちんと積ませること。そして、その課程を終えたスタッフには、任せた仕事を成し遂げる上で必要な「情報」「技能」「意欲」が持てるように促すことが必要となります。

02 スタッフのお手本になる

誰から任せられたのかによって、仕事への取り組み方は大きく異なります。

私がアパレル専門店チェーンで大型店の店長を任せられた3年目のことです。就任以来続けていた、連続月間予算達成の記録更新を逃してしまった月がありました。

その翌日、すぐに当時の上司から電話が入りました。

その上司からはいつも多くのことを学ぶことができ、会ったときにはねぎらいの言葉や適切な助言をいただいて、人間的にもとても尊敬できる方でした。

その日の電話では、予算を落としたことに対してのお小言を一つも聞かされることなく、いろいろとアドバイスを受けた後、電話の最後に、「この店のことは岡本さんに任せているのでよろしく頼むな！」と告げられました。

上司からその言葉を投げ掛けられたことによって、当時の私の心のやる気のスイッチは「バチッ！」と音を立てて入ることになり、その翌月からは、また月間予算を達成することができるようになりました。

その年は年間ベースで見ると、過去最高の売上を記録することができました。

任せられた相手によって、仕事への力の入り方・取り組み方は大きく異なります。あなた自身が、スタッフから尊敬される人物になることはとても大切です。

では、尊敬されるに値する上司になるためには、どうすればよいのでしょうか。

それは、さほど難しいことではありません。

経営者、マネージャーとしてのあるべき姿（自分としての理想像）を思い描き、それに近づけるように日々、学び、成長していくことで、スタッフは自然とあなたのことを尊敬に値する存在として見るようになります。

その上で気に掛けておくべきことは、常にスタッフから見られていることを意識して行動・言動をするということです。

具体的には、**不平、不満、愚痴や、お客様・スタッフ・取引先・家族に対しての悪口は言わない**ということ。また、**店で定められている就業ルールをきちんと守る**ことなどです。

周囲から尊敬される存在となることで、あなたから任せられた仕事に対してスタッフが取り組む姿勢は大きく変わります。

そうすることで、任せることが一気に進んでいくのです。

03 自分の夢を語ろう

常に夢を語り続けている人は、周りから応援されるようになります。

スポーツの世界で、オリンピックやワールドカップなどに出場している選手のことを応援する人は多いです。

私もそうですが、応援している選手やチームの試合が海外で行われる場合、日本時間で深夜や早朝になることもあるのに、そういうときでも眠い目をこすりながらテレビの前で応援し、その結果に一喜一憂するという方は少なくないはずです。

選手とは親しい間柄でもないのに、心から声援を送り、応援してしまうのはなぜなのでしょうか？

それは、選手たちが「優勝を目指す」という夢を持ち、メディアを通じて「次の大会では絶対にメダルを取ります！」と宣言するなど、夢を語っている姿を幾度となく目にするからです。

また、夢を追い掛けている人は皆、キラキラと輝いています。そういう人が懸命に努力している姿を目の当たりにすると、夢を実現させて一緒に喜びを分かち合いたいと感じ、「応援したい」「サポートしたい」という気持ちが生まれ、その人のファンになっていきます。

これは、スポーツ選手に対してだけではありません。

職場であれば、**経営者、マネージャーが夢（ビジョン）を語り、その実現に向かい邁進する姿を見せることで、スタッフは「何か手伝えないものか？」「一肌脱いでやろう！」と思い、応援してくれるようになります。**

ビジョンの実現を目指し、行動を共にしていく気持ちになっているスタッフに仕事を任せていくと、やる気を持ってしっかりと仕事に取り組んでくれるようになります。

ただし、夢は相手に語らなければ伝わりません。

しかも、何度も言わなければ、なかなか伝わらないものです。ですから、**スタッフに対して夢について語り、「なぜ、それを実現したいのか」「実現できたらどうなるのか」について、繰り返し伝えることが必要**となります。

そうすることで、あなたの周りに夢を共に実現させたいと思う「やる気に満ちたスタッフ」が自然と集まるようになります。

自分が夢を共有したいと思える人から任された仕事に取り組むことは、すなわち、スタッフ自身の夢を実現することにもつながるのです。

そうすると、任された仕事をしっかりとこなそう、責任を持って成し遂げようという気持ちも自然と沸き上がってくるものです。

任せた仕事を成し遂げる過程での気づき、学び、喜びは、人の自信を育みます。自信を持つことができれば、何事にもチャレンジしていく勇気とパワーを手に入れることができます。

スタッフに仕事を任せていくことで、スタッフは大きく成長していくことになるのです。

あなたの店、あなたのもとで働くスタッフ、そして、あなた自身の成長を加速させるために、「仕事を任せる」ことを、これから始めていきませんか？

あとがき

私のコーチングプログラムに参加いただいている方の中で、ゴールとしている地点に早く到達することができる人に共通することがあります。

それは、学んだことをすぐに実践し、その行動を成果が出るまでやり続けるということです。

「継続は力なり」と昔から言われていますが、150人を超える企業、店舗の経営者と関わってきた中で、正しいやり方を学び、それを継続し続けることで、抱えている問題の多くは解決することができるし、目標達成は可能だと私は考えます。

人の問題、マネジメントの課題、人材育成については、組織のリーダーたちが抱える悩みの中で大きなウエイトを占めています。ひとたび人に関する問題が浮上すると、本来やるべき仕事が手につかないという状況になってしまいます。

何か一つでもよいので、本書でお伝えしたことに実際に取り組んでいただき、そこでの取り組みを継続し、現状を変化させていってください。

Keep Moving Toward Your Goal！
～ゴールに向かって走り続けよう！～

最後になりましたが、本書を執筆するにあたり、お力添えをいただいた皆さまに、心からお礼を申し上げます。

特に、企画書をお見せした最初の段階から興味を持っていただき、書籍化への道筋をつけていただいた、月刊「商業界」編集長の笹井清範さん。書き上げた原稿を渡すたびに、褒めていただき、ねぎらいのメッセージを投げ返してくれた、執筆の際の最高のパートナーであった月刊「商業界」編集部の庄子真美さん。最終章を書き上げたときに庄子さんから受け取った「この本に携わることができて、私はとても幸せです」というメッセージは、私の宝物にしていきたいと思います。

そして、この本を世に広めていく活動にご尽力いただだいている㈱商業界 販売2部の日下部洋子さんには心より感謝しております。

また、本書の中に登場していただいた方を含む、私が主宰する「インストア コミュニケーション（ISC）サポートクラブのメンバーの皆さま、そして、私のことをいつも応援してくれているステキな友人たちには、今回はいつも以上にご協力をいただくことになりました。あなたたちがいたからこそ、この本を作り上げることができました。感謝しております。

そして、普段の生活の中で、私のすべてを心から支えてくれている愛すべき家族にも、感謝を伝えたいと思います。本当にありがとう。

この本がきっかけで、かつての私と同様の悩みを抱えている方が一人でも多く、「人マネジメント」の問題から解放され、商人（ビジネスパーソン）として豊かな未来を描けるようになることを願っております。

２０１３年　２月

商店主専門ビジネスコーチ　岡本文宏

【Special Thanks！】

貴重な資料、エピソードを
提供していただいた皆さま

○ 林 宏貴さん＆スタッフの皆さん
美容室 アンドゥドゥ
http://undeuxdeux.net/

○ 辻本考司さん＆スタッフの皆さん
ティズ鍼灸治療室
http://tiztiz.jp

○ 山川 聡さん＆スタッフの皆さん
癒しサロン せんな
https://www.facebook.com/senna.relax

○ 渡辺正知さん＆スタッフの皆さん
こぐま小児歯科
http://www.kogumashika.jp/

○ 谷本瑞絵さん＆スタッフの皆さん
手作り輸入石鹸専門店　ステンダース・ジャパン
http://www.stenders.jp/

○ Mother of my son's friend
長谷川綾子さん

【参考文献】
『「仕事ごころ」にスイッチを！』 小阪裕司著（フォレスト出版）
『コーチングのプロが教える「ほめる」技術』
鈴木義幸著（日本実業出版社）

【Download Contents】

本書をお読みいただきました、
あなただけに特別にプレゼント！

お読みいただきましたお礼に、プレゼントをご用意しました。

① 岡本文宏執筆の“経営情報誌”をプレゼント

人材マネジメント・業績アップなど、具体的な店づくりに
関する情報が満載の、岡本文宏が執筆する経営情報誌
「インストア・サポート・ジャーナル　特別号」をプレゼント
いたします。

② 本誌で紹介した３つのマネジメントシートの原本をプレゼント

印刷して、すぐに現場でご利用いただくことができます。

（1）スタッフカルテ
（2）オールインワン・マネジメントシート
（3）個別ミーティング事前準備シート

以上の特典は、下記のホームページアドレスから
ダウンロードしてお受け取りください。

http://www.cvsfc.com/book2.html

スマートフォンでQRコードを読み取り
アクセスすることもできます。

商業界の発行書籍

“店は客のためにある”
“従業員とともに店は栄える”
倉本長治

セブン‐イレブンの仕事術　一兵卒のビジネス戦記

岩本浩治著　定価1,500円（税込）　ISBN9784785503468

単品管理を基礎としたセブン‐イレブンの仕事術を、店舗現場の下積み時代から経営指導に携わるまで筆者の体験に基づいて物語風に詳解。臨場感あふれる筆致で「最高に実践的なビジネススクール」としてのセブン‐イレブンを余すところなく描き切った本作は、苦戦しても負けない戦い方、勝ち方が分かる渾身の一冊。

スタッフの“やる気”を引き出す法則

石川和夫著　定価1,680円（税込）　ISBN9784785503413

本書は店長や管理職が職場の目標管理や問題解決を効果的に行うために、コーチングを活用する実務書です。そのマネジメント・サイクルである“コーチング・サイクル”（【目標の明確化】⇒【解決策・実行策の検討】⇒【実行の確認】⇒【フィードバック】）を通して、“部下の成長”と“組織目標の達成”を両立させるためにスタッフへの働きかけ方が学べる実践書です。

「ありがとう」と言われる商い　価値を生み出し繁盛するワクワク系商人の道

小阪裕司著　定価1,500円（税込）　ISBN9784785503734

価値を生み出し繁盛するワクワク系商人の道—それは、どんな時代にあっても、思ったとおりに売上げをつくり、楽しんで儲ける方法であり、お客さまに「ありがとう」と言われる商いである。その実践会を主宰する著者が、10年間 4000 社の集大成として価値創造成果事例を整理し提言します。

[著者略歴]

岡本文宏（おかもと ふみひろ）

スタッフの"やる気"と"売る気"を一気に上げる！日本初の商店主専門ビジネスコーチ。アパレル専門店チェーン勤務、セブン・イレブンのフランチャイズ店経営を経て、2005年にメンタルチャージISC研究所を設立。延べ150人を超える経営者に対して、低コストでできる優秀な人材の採用法、自ら考え動くスタッフ育成術、仕事の任せ方ノウハウなどを提供。業界団体、商工会議所、企業での講演活動、雑誌への執筆などで活躍中。月刊「商業界」の常連執筆者。前著は『もう人で悩みたくない！ 店長のための採る・育てる技術』（日本実業出版社）

公式サイト http://www.cvsfc.com

商店主コーチング http://www.hikidasucoach.com

Facebookページ https://www.facebook.com/hikidasu2

仕事をまかせるシンプルな方法

9割がパート・アルバイトでも繁盛店になれる！

2013年2月12日　初版第1刷発行

著者　岡本文宏

発行人　中嶋正樹

発行所　株式会社商業界

〒106-8636

東京都港区麻布台2-4-9

電話（販売部）：03-3224-7478

http://www.shogyokai.co.jp

装丁　株式会社ミュゼ

印刷・製本　シーアイエー株式会社

ISBN978 - 4 - 7855 - 0448 - 9 C0063 Printed in Japan